POINT CARDINAUX

Reading activities for GCSE French

Pupil's Book

Paul Standen

Head of Modern Languages
Soar Valley College, Leicester

Bridget Clements

Advisory Teacher for Modern Languages
Leicestershire

Martine Benitez

Teacher of Modern Languages
Soar Valley College, Leicester

Mary Glasgow Publications

© Paul Standen, Bridget Clements, Martine Benitez 1987
First published by
Mary Glasgow Publications Ltd.
Avenue House
131–133 Holland Park Avenue
London W11 4UT

ISBN 1–85234–043–6

Illustrations: Ian Foulis, Anna Hancock, Phil Patenall
Cover Design: Judy Linard
Design: Penny Mills
Photoset in Linotron Century Schoolbook by
Northern Phototypesetting Co., Bolton
Printed in Great Britain by
GP Printers, South Molton, North Devon

Contents

Introduction

To the Teacher

All teachers are having to face the challenge of the new GCSE examination. **Points Cardinaux** has been produced specifically to prepare pupils for French examinations at 16+ in accordance with the communicative approach and the GCSE National Criteria for French. These can be used individually to supplement existing courses or together. The four packs together provide ample preparation for pupils of all abilities entering for the GCSE and Scottish Standard Grade examinations.

There are four packs in the series: listening, speaking, reading and writing.

The structure of the reading activities

1. The activities in this pack are based on the communicative approach. They are not designed primarily to assess pupils' mastery of grammatical form as was often the case with traditional approaches. The activities are task-based and draw on real-life settings and language. In accordance with GCSE guidelines they move away, therefore, from the discrete question/answer which had tended to predominate in GCE and CSE and which often didn't concern itself with the 'meaning' of texts. The tasks are communicative, and ask pupils to read for a real purpose.
2. The activities are intended to develop those skills required for reading as outlined in the National Criteria for French, i.e. they involve skimming for general meaning in some instances as well as more intensive reading and scanning for specific detail in others.
3. The activities involve realistic tasks which cover situations which are relevant and appropriate to young adults. The activities are clearly contextualised with the tasks and settings described providing the sort of help with understanding that readers would have in real life. A few activities have been included which, although they use up-to-date texts, are not contextualised in the same way as the majority of the tasks. They will enable teachers to give pupils the practice they need to cope with more complex tasks. In this way, this book will act very much as a vehicle for teaching what pupils need to know – not simply to pass an examination but also to cope with the French they encounter on visits to France.
4. The texts are drawn from authentic materials and as such contain a few items of vocabulary that it would be unreasonable to expect the average 15 or 16 year old to decipher without some help. A glossary appears on the pages where such help was thought to be necessary under the heading, *Au secours*. Help is offered in this way for two reasons:
   a) to avoid incessant searching in the back of a book once an unknown word appears.
   b) to encourage pupils – if once they see that immediate help in the glossary is not forthcoming – to adopt certain strategies (outlined below in the section entitled 'To the Pupil') to work out what the word or expression might be. Making an intelligent guess is very often the necessary strategy that has to be carried out in a real-life situation.
5. Where possible the activities are designed to encourage a mixed-skill approach to language acquisition and in this way it is hoped to get away from the rigid compartmentalisation of the four skills.

How do the activities link in with GCSE?

1. The object of the activities is not to discriminate between pupils – one of the objectives of the new exam at 16+ is to break down this division. They are therefore not arranged into Basic, Middle and Higher categories. It is anticipated that teachers will use criteria such as text length, language complexity and task difficulty to help them decide which activities are most appropriate for their pupils. The activities cannot be seen, therefore, as preliminary sorting exercises for the exam.
2. However, the activities have been designed with the GCSE National Criteria clearly in mind. Thus, at one level some of the tasks are meant to allow pupils to understand important points and details in short French texts. At another level, pupils are required to draw conclusions from and see relations within more complex and extended texts. There are also texts which allow pupils to make judgements and inferences about the writer's emotions and attitudes.
3. The topics and the language functions which come up in the texts cover all those areas outlined in the different GCSE and Standard Grade syllabuses, enabling the pack to be used as preparation for all these examinations. The clear reference grid on pp. 5–6 allows teachers to find which tasks cover the language areas and topics that need to be practised as appropriate to the pupils' abilities.

How can the material be used?

The material can be used:
(a) to supplement work already being tackled through the use of other courses, etc.
(b) to promote:
   (i) oral work
      – 'class' oral work based on the same topic area
      – group presentations
      – oral presentations by individual pupils
      – discussion, in English or French according to pupils' abilities
   (ii) writing activities
   (iii) intensive reading, i.e. encouraging pupils to pay close attention to written French and to make attempts to incorporate some of what they discover into their own writing.
   (iv) discovering alternatives in language. For example, pupils are encouraged to realise that there is not just one way of saying something, and that there are different written registers of language.

How is the material arranged?

1. The order in which activities and topic areas appear is not intended to impose an order on the way they are used. The pack is a bank of resource material, from which teachers can choose whichever activity best suits their purpose at any given time.
2. Whilst there is no division of activities into Basic, Middle and Higher categories, there is, however, some progression of difficulty of the activities within each topic area. This means that not all texts will be suitable for all pupils for intensive and detailed reading. In some instances the complexity of the language used and the

3

requirements of the task will make the activity more suitable only for the more able pupils. However, often even extended passages of more complex language can be used for gist comprehension by all pupils – as long as it is made clear to them that they are not intended to understand every word but just the general mood or topic area being discussed.

It is perhaps a good idea to point out to your pupils that even where there is a fairly large grid or table, they must avoid the temptation of writing in this book.

To the Pupil

The activities which you will find in this book are designed to give you contact with a wide range of written French covering all sorts of topics. They will help to prepare you to understand the written French of advertisements, brochures, timetables, letters, magazine articles, etc., which you will meet yourself or when you are helping others who have little or no French. In this way, they are not just useful to help you to pass an examination. You will easily imagine yourself in most of the situations. But you won't imagine yourself in all of them! Some activities are designed to help you practise skills that you will need and also to familiarise you with the language concerned.

Sometimes the French which you are reading will be quite difficult for you to understand – there may be unfamiliar vocabulary, a new setting or new subject matter. These techniques might help you to cope with this difficulty.

1. Make sure that you understand the nature of the activity. Help is often given in the description of the situation. What are you having to do and why?
2. Read through the French quickly without worrying too much about unfamiliar words and expressions. Try to get a general idea of what it is all about.
3. Sometimes only parts of the French text are important for what you are being asked to do. Remind yourself of what you actually need to do. Then start looking in more detail at the parts which are important to the task.
4. If there are important bits which you don't understand:
   (a) Think about the sort of things likely to be mentioned or discussed in connection with the task you are doing.
   (b) Sometimes the rest of the sentence or even the passage can help. For example:
   Le train ralentit en entrant en gare.
   What might trains do as they enter the station? Look carefully at *ralentit*. Does it remind you of other words that you know? What about the words *lent*, and *lentement*? So, here it must mean. . . .
   (c) Look for similarities between French and English words. (This usually helps, though not always!)

If you've tried all of these possibilities and you still aren't able to complete the task, refer to a dictionary. However, you need to make sure that you know how to use a bilingual dictionary to help you to discover meanings.

Martine Benitez
Teacher of Modern Languages
Bridget Clements
Advisory Teacher of Modern Languages
Paul Standen
Head of Modern Languages

TYPES OF TEXTS   TYPES OF READING

ACTIVITIES	Public notices, signs	Brochures	Guides, instructions	Letters, postcards	Imaginative and descriptive	Magazines, newspapers (basic)	Magazines, newspapers (advanced)	For specific details (simple text)	For specific details (advanced text)	For general information	To identify emotions, attitudes, ideas	To draw conclusions	To see relation between texts
Travel													
Menace de grève p. 51						✓		✓	✓			✓	
École de voile p. 52		✓						✓	✓	✓	✓		
Location de vélos p. 53		✓						✓					
Vacances prudence p. 54		✓						✓		✓			
Hoverspeed – le plus rapide, le plus pratique p. 55		✓						✓		✓			
Roulottes en Mayenne p. 56		✓						✓	✓			✓	
J'arrive à Orly Sud p. 57		✓	✓					✓					
Transports Urbains Dieppois p. 58	✓								✓			✓	✓
Train à vapeur p. 60		✓						✓	✓	✓	✓		
Holidays													
La Guadeloupe p. 61		✓						✓	✓	✓		✓	✓
On téléphone en France p. 62			✓					✓					
Dinard: jeunesse p. 63		✓						✓		✓			
Voyages en famille p. 64		✓						✓					
Une région p. 65		✓							✓				
Quelques jours dans le Lot p. 66			✓	✓					✓		✓	✓	
Où est-ce qu'on va loger? p. 68		✓						✓				✓	
Geography and weather													
Le Mexique p. 69						✓		✓		✓		✓	
Gap 743m: 300 jours de soleil p. 70		✓						✓	✓				
Des climats tropicaux p. 72		✓						✓	✓			✓	✓
Météorologie p. 73						✓			✓				
Monsieur Météo mécontent! p. 74						✓		✓	✓				
Shopping													
Prix cadeaux p. 75						✓		✓				✓	
Qui a fait la vitrine? p. 76	✓										✓	✓	
Je vais en faire la collection p. 77			✓					✓	✓				
Ce vin, je peux le conserver ou non? p. 78		✓						✓					
La pêche aux cadeaux p. 79						✓		✓		✓			
Combien je vous dois? p. 80	✓							✓				✓	
Musique magique p. 81		✓						✓					
Peux-tu m'expliquer quelque chose? p. 82			✓					✓					
Accommodation													
Un hôtel à Montmartre p. 83			✓						✓			✓	✓
Hébergement familial p. 84		✓							✓			✓	✓
Rendez-vous de l'immobilier p. 85						✓		✓		✓	✓	✓	✓
On cherche un camping p. 86			✓						✓			✓	✓
Health and welfare													
Douleurs soulagées p. 88						✓		✓		✓			
Problèmes de santé: la constipation p. 89			✓						✓				
La pharmacie de vos vacances p. 90			✓					✓	✓				
Comment mangez-vous? p. 91					✓			✓	✓				
Malade en France p. 92			✓					✓					
Les otages de Somalie p. 94							✓	✓	✓		✓	✓	✓
Pot-pourri													
Poésie p. 95					✓						✓	✓	✓

Personal identification

Passeport pour l'emploi

You are staying for a year in France and you are looking for a temporary job. You need some advice and help so you have decided to fill in a questionnaire like this one that a French friend has found in a magazine for young people, and has already filled in for herself. On a separate piece of paper, write out the information that you would need to complete the questionnaire.

« Je vous offre mes relations personnelles. »
ALAIN MADELIN

■ Remplissez vite et correctement ce « passe-port pour l'emploi ». Joignez à l'endroit indi-qué votre photo d'identité. N'oubliez pas que ce passeport va décider de votre avenir.

PASSEPORT POUR L'EMPLOI

Photo
Identité

1 NOM : PORTALIER
2 Prénom : Jacqueline
3 Age : 18 ans. Adresse : 17, Rue Pasteur
34.000 MONTPELLIER
4 Téléphone : 67.32.60.30

5 ETUDES (écoles, niveau, diplômes éventuels...) BAC A5
Lycée Jean Mermoz

6 Avez-vous été le leader d'une équipe ? Dans quel domaine (sport, voyages, actions utilitaires, manifestations, ...) ? Monitrice de camps de vacances

7 Avez-vous déjà voyagé ? Dans quel pays ? Pourquoi faire ?
Espagne , Allemagne

8 Avez-vous déjà effectué un stage ou travaillé ? Si oui, qu'avez-vous fait, quelle fonction avez-vous exercée ? Stage de langue en Espagne

9 Quelles sont vos passions dans la vie ? (sport, collections, danse, ...)
Danse , yoga

10 Qu'aimeriez-vous faire ? Quel travail cherchez-vous et pourquoi ?
Interprète
J'adore le contact avec les gens

11 Combien d'entreprises avez-vous déjà rencontrées pour chercher un emploi ?
J'ai contacté l'école de tourisme et la chambre de commerce pour l'instant

12 Avez-vous en général été bien accueilli ? oui/non

A retourner à PODIUM, « Passeport pour l'emploi », Cedex 873, 75808 Paris-Brune.

7

Profession: mannequin

Your French pen friend has sent you a number of magazines for young people. You have found two articles on being a model. They attract you because you might consider this profession for your own career.

Read the articles about Philippe Gallion and France Demoulin and decide how both their career and tastes differ from each other. To help you in this task, copy out this outline of a curriculum vitae given below and fill in any details.

Nom : Demoulin
Prénom : France
Nationalité : belge
Agence : FAM
Age : 20 ans
Taille : 1 73 m
Yeux : bleus
Cheveux : blonds
Signe astrologique :
Capricorne

Une voix « soft » sans trop d'accent, un teint rose sans blush, des cheveux d'ange bouclés sans attaches, des yeux bleus sans khôl... France, la Belge, rayonne d'intelligence et de limpidité. Le bac européen en poche (quatre langues et l'histoire-géo en anglais), elle quitte Waterloo et son nid familial au grand galop pour aller à la conquête de Paris. Son plan ? Devenir une actrice de théâtre.

Le B.A.BA
« T'as le look, cocotte », lui avait-on dit un beau jour dans la rue. De retour dans son deux pièces – Hôtel de Ville, elle ouvre le bottin à « Agences de mannequins » et tire au pif.
« C'est tombé sur FAM. Je me suis pointée là-bas comme une fleur... Ils ont dit OK. C'est aussi simple que ça ! »

Le métier
« Ce boulot, je le fais surtout pour l'argent. Dès que j'en gagne assez pour pouvoir vivre le mois suivant, j'arrête les photos pour me consacrer au théâtre ; je prends des cours un peu partout... »

Le milieu
Difficile de vanter ou de critiquer quelque chose qu'on ne connaît pour ainsi dire pas. Surtout quand on a une indulgence grosse comme ça ! « Souvent dans les castings, les filles me parlent. Je les écoute, disons... poliment : il faut savoir écouter les gens, même quand ce qu'ils ont à dire ne vous passionne pas ».

L'amour
France en a à revendre : sa passion n° 1, c'est « les gens ». mais plus précisément, c'est un jeune journaliste italien qu'elle a connu à l'âge de 15 ans. « Cet amour durera toujours : il grandit avec moi. On se téléphone, on s'écrit mais ça s'arrête là. Je ne suis pas assez mûre pour vivre avec quelqu'un ».

Les passions
A part le théâtre ? Les livres : surtout ceux qui parlent de théâtre... Les animaux : « Avec un chien, peu importe que tu sois laid ou beau du moment que tu es bon ». Le sport : elle fait de l'équitation, de la natation, du ski, de la danse classique, du mime... « Avec une préférence pour ceux qui font travailler en même temps l'émotionnel, le physique et l'intellectuel ». Les antiquités : « J'adore les objets d'art, les vieux bijoux, les tableaux. Je suis une mordue des Puces ».

La mode
« Si j'aime les fringues ? » Eclat de rire. « T'as vu comment je suis habillée ! » (jean délavé, pull et marinière bleue). « Maman appelle ça le look poubelle. Ce qui me touche dans la mode, ce sont les gens qui la portent. Quand une fille est belle, j'ai envie de m'habiller comme elle ».

Trucs
Le maquillage, elle hait, carrément. « Il faut séduire par soi-même, sans tricher ». France s'aime naturelle ou à la vanille, son parfum préféré. Pour tout soin de beauté : un savon, une crème visage et une brosse : « Mes cheveux, c'est mon capital-mannequin ! ». Ses goûts ? Tout ce qui est frais et diététique : « J'adore les gratins de légumes. Et en plus, je mange la conscience en paix ».

Annie Schwab

Nom : Gallion
Prénom : Philippe
Nationalité : française
Agence : Elite +
Age : 22 ans
Taille : 1,81 m
Yeux : bleus
Cheveux : blonds
Signe astrologique : Vierge

Ses premières photos, Philippe les a enfouies dans le fond d'un tiroir de bureau, loin des regards railleurs et des médisances : « A cette époque, j'étais complètement parano, à cause de mon nez. J'avais 10 ans, un coup de balançoire et bing, cassé ! Jusqu'à 17 ans, je ne supportais pas d'être regardé de profil ». Parti de sa Bretagne natale à 16 ans, Philippe choisit Londres pour s'émanciper. Il y travaille, de bar en club, de resto en pub, jusqu'au « Pacifico », un restaurant mexicain très « in » qui sert de tremplin à sa carrière de mannequin. Remarqué pour sa « good face », il fait des tests et entre illico à l'agence Look. De retour en France il y a un an et demi, Philippe est aujourd'hui mannequin chez Elite +, de 10 h à 18 h, et « garçon » au café-concert « l'Excalibur », de 18 h à 4 heures du matin : « C'est un peu galère, mais c'est provisoire. Comme j'ai fait un très mauvais mois de décembre, je rembourse ainsi mes dettes ». Ce qu'il aime dans la vie ? Ecouter de la musique, de la salsa au hard rock. Manger des pâtisseries, surtout les éclairs au café, les babas au rhum et les palmiers. Dépenser de l'argent, il lui file entre les doigts sans savoir comment. Voir des films : il aimerait faire carrière en tant qu'acteur. Sortir, au Bataclan le dimanche après-midi, aux Bains et au Palace. Aimer, enfin : « Je suis très romantique, mais personne ne le sait ! ».

A.S.

Au secours

le bottin	– the telephone directory
au pif	– on spec., as a gamble
je me suis pointée	– I got there
je suis une mordue	– I'm crazy about
les fringues	– clothes
j'étais parano	– I was freaked out
c'est un peu galère	– it's a bit of a pain

CURRICULUM VITAE

Nom: Prénom:

Âge: État civil:

Adresse:

Nationalité:

Diplômes:

Expérience professionnelle:

Goûts particuliers:

Les jeunes Français à cœur ouvert

Here are the results of an opinion poll conducted among French teenagers during February and March 1987. Look carefully at the findings. How would you interpret them to cope with the following questions?

1. There seem to be six sets of findings. What does each section deal with?
2. What do the results in the right-hand columns refer to?
3. Do the results show that French teenagers are more interested in their own worries and concerns and less interested in wider political and social matters?
4. Can you give any figures to support your interpretation of this point?
5. Have people's opinions changed much since the previous poll?
6. In what ways do you think these results are different from what you would expect English teenagers to say? Can you give any examples of what differences you would expect to see?
7. Can you explain why in a number of cases the percentage totals far exceed 100%?

93 % n'ont jamais touché à la drogue

Avez-vous déjà pris de la drogue ?

	13-17 ans mars 1987	Rappel sept.1978
Oui, souvent	1 ⎤ 6	1 ⎤ 5
Oui, exceptionnellement	5 ⎦	4 ⎦
Non	93	95
Refusent de répondre	1	

Plus heureuse que les parents : 57 %

Votre vie sera-t-elle plus heureuse ou moins heureuse que celle de vos parents ?

	13-17 ans mars 1987	Rappel sept.1978
Plus heureuse	57	55
Moins heureuse	10	7
Sans opinion	33	38

Les filles, les enfants d'ouvriers, ceux qui se situent à gauche sont les plus optimistes.

Changer la société ? Non à 56 %

A votre avis, la société française doit-elle être...

	13-17 ans mars 1987	Rappel sept.1978
Radicalement changée	22 ⎤ 37	13 ⎤ 32
Réformée sur l'essentiel	15 ⎦	19 ⎦
Réformée sur plusieurs points mais sans toucher à l'essentiel	45 ⎤ 56	34 ⎤ 50
Laissée dans son état actuel	11 ⎦	16 ⎦
Sans opinion	7	18

Peur du chômage : 56 %

Pensez-vous qu'il y ait de grandes chances que vous soyez chômeur dans quelques années ?

	13-17 ans mars 1987	Rappel sept.1978
Oui, il y a de grandes chances	56	42
Non, il n'y a pas de grandes chances	33	38
Sans opinion	11	20

Ce sont les filles les plus inquiètes (64 % et "seulement" 49 % de garçons).

Le Nouvel Observateur

Un métier avant tout : 53 %

Quelles sont les deux ou trois choses qui comptent le plus pour vous actuellement ?

	13-17 ans Mars 1987	Rang	Rappel enquête 13-17 ans "Nouvel Observateur" SOFRES Sept 1978	Rang
Trouver un métier intéressant	53	1	50	2
La liberté	50	2	55	1
Le bonheur familial	39	3	44	3
L'amour	30	4	22	5
Le sport	27	5	33	4
Les voyages	19	6	15	7
La musique	15	7	13	8
Se développer intellectuellement, se cultiver	14	8	18	6
L'argent	13	9	10	9
La sécurité	11	10	8	11
Chercher à créer quelque chose soi-même	9	11	9	10
La justice sociale	5	12	6	12

Le total des pourcentages est supérieur à 100, les personnes interrogées ayant pu donner trois réponses.

Les garçons choisissent plus volontiers l'amour (32 %). Les filles plutôt le bonheur familial (41 %)... A noter : l'amour, plébiscité par les adolescents de gauche, est plutôt négligé par ceux de droite. Bizarre...

La politique, non; mais l'écologie, oui : 45 %

Si vous aviez envie de vous engager, dans laquelle de ces organisations iriez-vous ?

	13-17 ans mars 1987	Rappel sept 1978
Un parti politique	6	4
Une association luttant pour la défense des droits de l'homme (par exemple, Amnesty International)	31	22
Une association de protection de la nature	45	48
Une association pour l'amélioration de votre quartier ou de votre commune	24	29
Sans réponse	6	11

Le total des pourcentages est supérieur à 100, les personnes interrogées ayant pu donner plusieurs réponses

Lettre à Jo

Your friend Jo has a new pen friend, Delphine Lauraire. The Lauraire family has invited Jo to come and stay with them. Delphine is making the final arrangements for Jo's arrival. Jo has asked you to help her understand what is in the letter.

Delphine LAURAIRE

Claret, le 10.02.87

Hello Jo !

Encore une fois je t' écris en vitesse car il faut absolument que la lettre parte ce soir (c'est-à-dire dans quelques minutes) pour que tu la reçoives avant de venir.

Quelques détails pratiques :

— Tout d'abord, merci d'avoir téléphoné avec Martine hier soir... Je n'étais malheureusement pas chez moi, mais tu as eu une très bonne idée de dire comment tu serais habillée ! Moi, je ne sais pas encore, mais j'aurai un blouson noir en cuir, et la tête que tu as vue sur la photo.

— Ensuite, ce n'est pas la peine que tu prennes des serviettes de toilette, de table, des gants de toilette... inutile de t'encombrer pour rien, on a ce qu'il faut à la maison.

— Pour l'argent, car Martine m'a dit que cela te préoccupait, prends uniquement pour tes faux frais. En fait, tu seras une fille de plus pour la famille et cela nous fait à ma sœur, mes parents et moi, très très plaisir. Tu verras, la maison n'est pas un palace mais il fait bon y vivre !

— Pour les vêtements : attends-toi au pire ! ces temps-ci, le temps est variable. Des jours de printemps, chauds et ensoleillés, d'autres pluvieux et

10

plutôt froide. De plus, il est fort possible que nous sortions en boîte, car nous avons des entrées gratuites, que mon copain, Jean-Charles, m'a données. Mais le style de vêtement, là-bas, n'est pas très habillé, rassures-toi ! Au fait, peux-tu aussi prendre un vêtement de sport et un maillot ? J'espère que l'on va beaucoup s'amuser et que tu ne seras pas déçue !
Enfin, je te laisse faire tes valises...
Rendez-vous à Fréjorgues, à 17h 27, le mercredi 18 février ... presque dans une semaine ! Cependant, quelque chose qui risque de te décevoir : les vacances pour moi ne commencent que le vendredi 20.02 ... mais j'ai des heures de cours agréables et je suis sûre que l'on pourra s'arranger !
... En attendant de te voir bientôt,
je te fais de grosses bises,
en espérant que tu recevras ma lettre avant ton départ !!!

DELPH

P.S. : Excuse-moi de t'avoir écrit en français mais j'étais trop pressée !

Write down in English what you would tell her about:
– the clothes Delphine will be wearing at the airport
– the practical details she needs to know about toiletries, clothes and expenses.

Delphine seems to be a friendly girl. Can you try to convey this to your friend? Make a list of all the nice things she says to Jo.

Au secours

les faux frais — extras, minor expenses
l'argent pour tes faux frais — pocket money

Family

Je suis enfant unique

Read what Thimotée has to say about his way of life and then, in English, compile two lists, one that includes what he likes about his way of life and the other what he dislikes or regrets about it.

parents-enfants

je suis
enfant
unique

PETITE HISTOIRE A LIRE ENSEMBLE

Je n'ai pas de frère, ni de sœur. Je suis un enfant unique, et j'habite tout seul avec mes parents.

Chez nous, c'est très calme. Ma mère aime que la maison soit très bien rangée. J'ai ma chambre pour moi tout seul, avec beaucoup de livres et de jouets.

Comme mes parents travaillent tous les deux, je suis souvent seul à la maison. J'aimerais mieux avoir un frère ou une sœur dans ma chambre.

Heureusement, je vais souvent dormir chez mon meilleur copain, Gilles, ou chez mes cousins, et je peux inviter mes amis le mercredi.

Souvent, je joue tout seul, je m'invente des histoires où il y a un grand frère qui m'emmène sur sa moto. Pour mon anniversaire, j'ai demandé un chien.

Avec mon père, c'est sympa. On pêche à la ligne. Il m'apprend plein de trucs. Ce que j'aime moins, c'est qu'il veut que je travaille très bien à l'école.

Je déteste aller en classe avec des vêtements neufs. Il y en a qui se moquent de moi. Des fois, je me sens pas comme les autres.

Le moment que j'aime le plus, c'est le dimanche matin quand je prends le petit déjeuner dans le lit des parents : on est drôlement bien, tous les trois !

Je voudrais qu'il y ait plus souvent des enfants à la maison, et surtout que mes parents ne soient pas aussi souvent sur mon dos.

Es-tu enfant unique, ou as-tu des amis qui n'ont ni frère ni sœur ? Que penses-tu de la vie de Thimotée ?

Illustrations: Bernadette Després

Look back at Thimotée's writing where he expresses his opinions. This time compile a list in French of the expressions he uses when offering these opinions.

Using some or all of these expressions, write a few sentences which say how you feel about your own way of life. For example:

Je suis souvent seul à la maison.
Je suis souvent avec toute ma famille.
Je dois souvent sortir avec mes parents.
Je dois souvent rester à la maison.
Je dois souvent faire la cuisine.
Je dois souvent garder mes frères.

J'aimerais mieux avoir un frère ou une sœur.
J'aimerais mieux être seul dans ma chambre.
J'aimerais mieux être avec mon ami préféré.
J'aimerais mieux sortir avec mes copains.
J'aimerais mieux lire dans ma chambre.
J'aimerais mieux sortir faire du patinage.

La guerre conjugale?

You are leafing through a copy of a French magazine when you come across these charts. Look at the main headings of each set of results and say what each box describes.

50% des couples se sont disputés récemment...

Votre dernière dispute avec votre mari (femme) c'était:

	Ensemble	Hommes	Femmes
Il y a deux jours	12	11	14
Il y a une semaine	15	13	17
Il y a un mois	23	22	24
Il y a un an	16	17	15
Sans réponse	34	37	30
	100%	100%	100%

Et les femmes en conservent, manifestement, un souvenir plus précis.

Les éclats sont brefs...

Combien de temps a-t-elle durée?

	Ensemble	Hommes	Femmes
Quelques minutes	47	47	46
Une heure	15	13	18
Une journée	8	7	8
Une semaine	2	2	3
Un mois	1	1	—
Sans réponse	27	20	25
	100%	100%	100%

Les hommes un peu plus conciliants...

Qui fait le premier pas pour vous réconcilier?

	Ensemble	Hommes	Femmes
Vous	26	27	25
Votre mari (femme)	21	16	25
Sans réponse	53	57	50
	100%	100%	100%

Le Nouvel Observateur

Prétextes, les enfants d'abord: 28%

A propos de quoi vos disputes démarrent-elles?

	En premier	En second	En troisième	Total
Des enfants	28	5	3	36
Des repas	1	3	1	5
Des corvées ménagères	6	6	4	16
De l'ordre dans la maison	8	7	3	18
De vos familles	7	6	3	16
De l'argent	8	8	6	22
De la voiture	1	3	1	5
De votre travail ou celui de votre conjoint	7	6	4	17
Des amis	1	2	3	6
De votre fidélité ou de la sienne	1	1	—	2
Des vacances	1	1	1	3
De la télévision	3	4	4	11
De vos horaires ou des siens	3	4	3	10
Du sexe	1	—	2	3
Sans réponse	24	44	62	23
	100%	100%	100%	

Les ouvriers se disputent beaucoup à propos des enfants, et les cadres supérieurs et professions libérales s'accrochent sur le ménage et l'ordre dans la maison.

On discute après: 43%

Comment vos disputes se terminent-elles?

	En premier	En second	En troisième	Total
Vous fuyez	6	2	1	9
Vous buvez	—	—	—	1
Vous pleurez	5	2	2	9
Vous cognez	1	1	—	1
Vous boudez	20	7	2	29
C'est lui (elle) qui boude	7	7	—	15
Vous cassez la vaisselle	1	1	—	1
Vous discutez calmement	24	12	7	43
Vous faites l'amour	2	3	5	11
Vous offrez un cadeau	—	2	2	4
Vous vous réfugiez chez vos parents	—	—	1	1
Vous vous excusez	8	9	7	23
Sans réponse	26	54	73	25
	100%	100%	100%	

Les femmes, plus nombreuses, boudent et pleurent, les hommes fuient ou offrent des cadeaux, tout le monde parle et personne ne casse la vaisselle.

Cette enquête a été réalisée par l'IFOP auprès d'un échantillon représentatif des Français vivant en couple. La représentativité a été assurée sur les critères suivants : sexe, âge et profession du chef de ménage après stratification par région et par habitat.

1 190 personnes ont été interrogées du 11 au 16 février 1987

Try to interpret the results in greater detail. To do this, here are some questions which might help you. In your reply to each question, correct any false impressions which could have promoted the question.

1. Do most arguments start over things like love and faithfulness?
2. How frequently do people say they argue?
3. Do people say that their arguments go on for a long time?
4. I suppose most people end up sulking after they've had an argument?
5. Do many people make up by giving flowers and chocolates or do they pack their bags and leave home?
6. Is it usually the woman who makes the first step in making up?
7. Is there much of a difference between the ways in which women and men have answered these questions?

Family

13

Dans ma famille . . .

A group of pupils from your school is taking part in an exchange visit with a school in France and you want to match up people as carefully as possible. You have received some letters from students at your exchange school. Read these four letters and transfer the information they contain on to these grids in English. This information will be used to help with the pairing up of exchanging partners.

French student's name and age	Number in family (name, age, sex)	Parents' occupation	Parent–child relationships	Other details

Family

Ma famille

Chez moi, la famille est très importante, même si les oncles les tantes les cousins sont très éloignés. Elle est composée de 4 personnes : ma mère, mes deux frères et moi. Mes parents sont divorcés et je vis avec ma mère! Mes frères et moi, nous faisons tout pour l'aider. Elle ne nous punit jamais ; on peut se confier à elle. C'est une maman que tout le monde aimerait avoir. Mes frères et moi, nous nous entendons très bien et nous nous amusons beaucoup. Chacun est libre de faire ce qui lui plaît et l'on n'est pas forcé de faire ce que l'on n'aime pas. Mon père vit avec une autre femme, mais nous ne sommes pas obligés d'aller le voir.

Élise, 14 ans

Sujet : la famille.

Dans ma famille nous sommes 5. J'ai 2 frères, l'un s'appelle Michaël il a 9 ans et l'autre s'appelle Yohann il a 3 ans. Quand mes parents travaillent ou sont partis faire des courses c'est moi qui commande. Le matin je porte mes frères en garde tous les matins une semaine sur deux. Car ma mère travaille une semaine de l'après-midi et une autre semaine du matin. de midi en revenant du collège, je me fais à manger une semaine sur deux. Et quand ma mère revient elle va chercher mon petit frère. Et moi en revenant à 16 h 30 je fais mes leçons aussitôt arrivé car comme ça je suis

tranquille le soir. Sinon on s'entend super bien tous les 5.

Marc, 13 ans

14

Ma famille

Ma famille est très sympathique. Elle est formée de 4 personnes qui sont mon frère, ma mère et mon père. A la maison, nous nous partageons les tâches ménagères. Mes parents ne me punissent jamais, ni mon frère qui est vraiment très gentil. Mon frère et moi, nous nous occupons de ranger notre chambre et c'est ma mère qui fait la cuisine. Ni mon père ni ma mère ne commandent plus l'un que l'autre. Mes parents travaillent, mais c'est mon père qui vient me chercher à l'école. Parfois, mes repas ne se passent pas très bien car lorsque je n'aime pas quelque chose, il faut que mes parents me forcent. Bref, ma famille et moi, nous nous entendons à merveille.

Lucette, 14 ans

Dans ma famille nous sommes 5. Je m'entend bien avec mon frère qui a 15 ans et qui est dans un collège à Yvetot et ma petite soeur qui a 5 ans et qui est à la maternelle. Mon père est électricien et ma mère est à la maison. J'ai un chien qui s'appelle Volcan et qui a 3 ans, un poisson, deux oiseaux, un lapin et voilà toute ma famille. Je suis au collège Catherine-Bernard en 5e5. J'ai de bonnes copines. Mes professeurs sont sympas.

Vincent, 14 ans

Marché du travail: propositions diverses

A friend of your sister's, who is 18, decides that she wants to go and work in France for a while to improve her French. She wants to earn some money by looking after children or undertaking household chores.

She has found these advertisements in a French newspaper and wants you to help her to decipher them. Write down for her, in English, the important points in each advertisement.

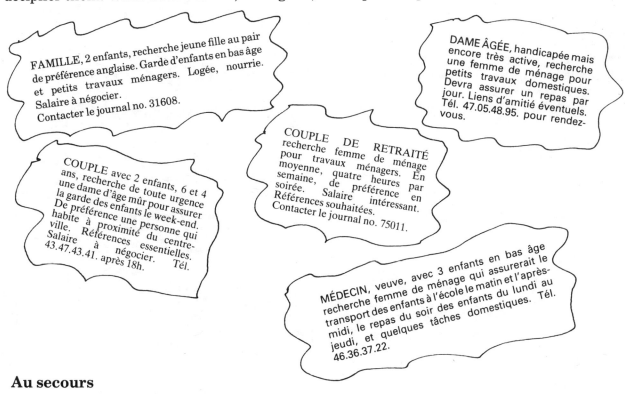

FAMILLE, 2 enfants, recherche jeune fille au pair de préférence anglaise. Garde d'enfants en bas âge et petits travaux ménagers. Logée, nourrie. Salaire à négocier. Contacter le journal no. 31608.

DAME ÂGÉE, handicapée mais encore très active, recherche une femme de ménage pour petits travaux domestiques. Devra assurer un repas par jour. Liens d'amitié éventuels. Tél. 47.05.48.95. pour rendez-vous.

COUPLE avec 2 enfants, 6 et 4 ans, recherche de toute urgence une dame d'âge mûr pour assurer la garde des enfants le week-end. De préférence une personne qui habite à proximité du centre-ville. Références essentielles. Salaire à négocier. Tél. 43.47.43.41. après 18h.

COUPLE DE RETRAITÉ recherche femme de ménage pour travaux ménagers. En moyenne, quatre heures par semaine, de préférence en soirée. Salaire intéressant. Références souhaitées. Contacter le journal no. 75011.

MÉDECIN, veuve, avec 3 enfants en bas âge recherche femme de ménage qui assurerait le transport des enfants à l'école le matin et l'après-midi, le repas du soir des enfants du lundi au jeudi, et quelques tâches domestiques. Tél. 46.36.37.22.

Au secours

une dame d'âge mûr – a mature lady

Maman et Papa

Read these two poems. Identify who has written them, to whom they are written and also what they are about.

A number of people who have read them have made some statements about these poems. Sort out these statements into two groups – those with which you agree and those with which you disagree.

★ *Anne-Sophie n'a absolument aucune rancune envers son père.* (Fahim)

★ *Je crois que sa mère n'en veut pas trop à son mari parce qu'elle a gardé son nom.* (Isabelle)

★ *Il me semble que la fille Anne-Sophie est malheureuse de revoir son père.* (Jacqueline)

★ *Je n'en suis pas certain, mais je pense que c'est sa mère qui les a quittés.* (Luc)

★ *Il est évident que ses parents se disputaient et se querellaient tout le temps avant de divorcer.* (Georges)

★ *Anne-Sophie est enfant unique.* (Madeleine)

★ *Ses parents sont assez gentils car ils ont évidemment fait de leur mieux pour comprendre les souffrances d'Anne-Sophie et pour les rendre plus faciles à supporter.* (Henri)

★ *À mon avis sa mère doit trouver la vie plus facile à supporter depuis le départ de son mari.* (Salima)

★ *Sa mère semble très distraite, assez déprimée par cette séparation.* (François)

★ *Son père vient la chercher de temps en temps pour faire des promenades ensemble. Ceci doit être très agréable pour elle.* (Anne)

Les parents d'Anne-Sophie, 12 ans, ont divorcé.
Dans deux lettres-poèmes adressées à ses parents, Anne-Sophie dit sa souffrance et son amour.

Papa, m'aimes-tu ?

Depuis des mois, tu nous a quittés,
Chez nous, ce n'est plus chez toi, alors...
C'est difficile de croire que chez toi
On est aussi chez nous.

Papa, je porte ton nom,
Maman ne porte plus le tien.
Je suis votre fille et vous m'avez coupée en deux,
Mais vous n'écoutez pas mes cris.

Papa, m'aimes-tu ?

Quand tu viens me chercher,
Je tremble de joie et je te saute au cou,
Tu ris, tu m'enlèves dans tes bras,
Tu m'appelles encore « fillette ».

Rien ni personne ne m'empêchera
De t'en vouloir d'être parti,
De croire que je te manque très fort,
De refuser le mal qu'on dit de toi.

Et de te dire : « Papa, je t'aime ! »

Maman, souris-moi !

Maman, cesse de pleurer et d'attendre,
Est-ce la faute des enfants ?
Tu vois bien que maintenant la vie est calme
Et c'est si bon de pouvoir te parler...

Maman, réponds-moi.

Le soleil éclaire le jardin, les roses fleurissent,
Mais ton cœur reste triste ce soir.
Tu voulais nous garder, tu as gagné.
Est-ce trop lourd pour toi seule ?

Maman, réponds-moi.

Bientôt, je serai grande, je t'aiderai,
Je te le promets : j'ai tant d'amour à te donner.
A qui rêves-tu ?
Maman, dis-le moi.

Maman, souris-moi.

Ces textes ont été publiés dans le Bulletin de l'Association « Foyers Dissociés », 9, rue Guénégaud, 75006 Paris

Family

Enfant du divorce

You are travelling in France with a friend who is constantly asking you to help him to explain different things. Today, he is interested in an article in the local newspaper. His own parents are divorced which explains this interest.

What would you tell him about:
– the topic of the article
– the people involved
– the events which took place and their consequences?

The newspaper has also published a letter written by the little girl. It is a very emotional letter.
1. Make your friend aware of the emotions the little girl has.
2. Make a list of the special words she uses.

ENFANT DU DIVORCE

Cathy, 11 ans a voulu mourir

Des parents qui se déchirent pour la garde d'une enfant, des amis en colère, un Palais de Justice de Perpignan en effervescence, des policiers appelés pour maintenir la population d'un village révolté et, surtout le calvaire d'une fillette en détresse, qui s'accroche à son père avec désespoir et qui, à 11 ans, vient d'attenter à sa vie. Hier matin, le juge des enfants a opté pour l'application de la décision de la Cour d'Appel de Montpellier en date du 27 octobre dernier: Cathy retournera chez sa mère.

Midi Libre

Au secours

faire une fugue – to run away from home
«supprime-toi» – "kill yourself"

17

S.O.S. Conseil

Your French pen friend has sent you some copies of a few French magazines. You and your class mates are particularly interested by the problem pages. The French is difficult, but:

1. Can you find out what exactly are the problems? Give the general theme of each letter.
2. Can you compare and discuss in pairs the problems described in the letters written to *Docteur Podium* and *Docteur Cool*? Draw up a list of the problems.
3. What are the answers given to Annabel and what do you think of them?

As a follow-up activity, try to write an answer in French to Catherine.

Cher docteur Podium, vous êtes mon dernier secours car je ne sais plus quoi faire. Mes parents sont divorcés et jusqu'à présent, je vivais chez ma mère mais je ne m'entendais pas bien avec elle. Depuis le mois d'août, je vis chez mon père. Pendant les vacances, c'était bien car j'avais le temps de faire le ménage. Mais maintenant que j'ai repris le lycée (je suis en 2e), tout va mal. Le matin je me lève à 6 h et quand je reviens à 18 h, je suis obligée de faire le ménage plus mes devoirs, donc je me couche souvent et même tout le temps après minuit. Mon père ne m'aide pas dans le ménage et je ne veux pas retourner chez ma mère. J'ai le moral à zéro et je sens que je vais craquer. Alors vite aide-moi. Merci, grosses bises (votre rubrique est super). Une fidèle lectrice.

Docteur Cool,
Mon problème est différent de ceux qui figurent dans cette rubrique ! J'ai 16 ans et j'en ai marre de vivre, je voudrais bien partir de chez mes parents, mais je n'ai pas assez d'argent pour rentrer en France. J'ai des parents atroces, ils ne me laissent pratiquement rien faire. Ils ne m'aiment pas, ils n'essaient même pas de me comprendre, ils m'empêchent d'avoir des copains, et des copines. Au bahut, ce n'est pas mieux, je suis en 3ème et ça ne va pas du tout ! Je voudrais savoir si vous pouviez me donner l'adresse d'une assistante sociale ou d'un juge, pour me sortir d'ici. Aidez-moi, je vais bientôt toucher le fond si l'on ne me repêche pas ! Ne me laissez pas seule, faites quelque chose.

ANNABEL

Annabel,
Ton problème semble en effet difficile, mais peut-être la situation n'est-elle pas aussi bloquée que tu le crois. En tout état de cause, la démarche que tu fais est la bonne, il faut en parler. Commence par aller voir une assistante sociale ou mieux, un psychologue. Je pense qu'on pourra sans difficulté te renseigner à l'infirmerie de ton lycée, ou aux services sociaux de la mairie de ton domicile. Avant tout, il faut que tu trouves quelqu'un pour t'écouter. Si véritablement, après avoir tout essayé, il n'y a aucune solution possible avec tes parents, il faudra peut-être alors envisager d'aller voir un juge. Mais seulement en dernière extrémité. Une dernière chose, je ne crois pas que tu en as marre de vivre. Je pense que tu en as marre de vivre comme cela. Bonne chance.

Salut,
Je voudrais tout d'abord vous féliciter pour votre rubrique qui est super cool. J'ai 2 problèmes, le premier est que je sors avec Vincent. Ce n'est pas la première fois que je sors avec un mec. Je l'adore oui bien sûr, mais je ne suis pas à l'aise avec lui, c'est pourquoi je suis désespérée car je l'aime. Mon deuxième problème est que je me trouve un peu grosse, je mesure 1m65 pour 51Kgs et demi, combien de kilos dois-je perdre ?

CATHERINE

Au secours

un mec — a chap, a bloke
j'en ai marre — I'm fed up, I've had enough

Naissances, mariages et inhumations

Look at the following announcements which appeared in the regional newspaper *Paris-Normandie*. For each announcement, try and draw out a simple family tree – going back as far as the information provided will allow.

For the final announcement, you are given help with the lay-out of the 'tree'.

CARNET NORMAND

NAISSANCES

M. et Mme Patrick Flament-Bataille ont la joie d'annoncer la naissance d'Emilie.
Le 18 septembre 1984.
76360 Barentin, 30, avenue Aristide-Briand.

Coucou, me voilà. Je suis né le 26 septembre 1984. Je m'appelle Christophe Lhommel. Je fais la joie de Yohan, mon frère, de papa et maman.
76360 Barentin, 9, rue Maréchal-Leclerc.

MARIAGES

M. et Mme Jacques Sanson ; M. et Mme Jean-René Bazaud, ont l'honneur de vous faire part du mariage de leurs enfants, Frédérique et Olivier.
Et vous invitent à assister à la messe de mariage qui sera célébrée le samedi 13 octobre 1984, à 15 heures, en l'église de Fontaine-la-Mallet.
76290 Fontaine-la-Mallet, 60, rue Joseph-Malleville.
76360 Bouville, hameau de la Chapelle.

INHUMATIONS

76 - MAROMME

Mme Xavier COCAGNE son épouse ; Etienne COCAGNE son fils ; M. et Mme Adolphe COCAGNE ses parents, ses frères et sœurs, toute la famille ont la douleur de vous faire part du décès de

Monsieur Xavier COCAGNE

survenu le 5 octobre, dans sa 57e année.
La cérémonie religieuse sera célébrée le mardi 9 octobre 1984, à 10 h 30, en l'église Saint-Martin de Maromme.
Un registre à signatures tiendra lieu de condoléances.

Ni fleurs, ni couronnes, des prières et des messes !
Cet avis tient lieu de faire-part.
76150 Maromme, 13 D, rue de la République.

76 - HENOUVILLE

M. et Mme Marc COISY, ses petits-enfants ; Valérie COISY, sa petite-fille, et Patrice BILLARD, son fiancé ; Mme Michel COISY, sa belle-fille ; M. et Mme Lucien LEHEC ; M. et Mme Jean LEHEC ; Mme Lucette HALES ; Mme André LEHEC, ses frères, sœur, belles-sœurs, ses neveux et nièces ; toute la famille et ses amis, ont la douleur de vous faire part du décès de

Madame Simone COISY
née LEHEC

survenu le 3 octobre 1984, à l'âge de 74 ans.
Le service religieux sera célébré le lundi 8 octobre 1984, à 10 h 30, en la basilique de Bonsecours.
Un registre à signatures tiendra lieu de condoléances.
Cet avis tient lieu de faire-part.
76480 Duclair, La Fontaine.

Paris-Normandie

Family

Au secours

cet avis tient lieu de faire-part – please accept this as the only announcement

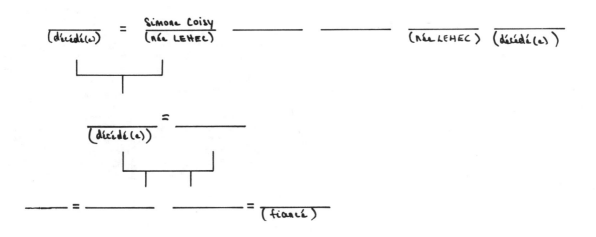

Population de la France, 1986

This article from the newspaper, *Le Figaro*, contains a considerable number of statistics about births (*la natalité*), marriages and deaths (*les décès*) in France for the year 1986, and identifies certain trends.

Working in groups of three, take each of these three areas separately and make notes on the statistics given and observations made.

What observations are made about the population as a whole at the beginning and end of the article?

Au secours

hors mariage	– outside marriage
jamais l'institution du mariage n'a aussi peu fait recette qu'en 1986 . . .	– never has the institution of marriage been celebrated by so few people as in 1986 . . .
on aboutirait à un taux de célibat définitif de 47%	– we would end up with the celibacy rate standing at 47%
un accroissement	– an increase
une baisse	– a lowering, a reduction

55 millions et demi de Français

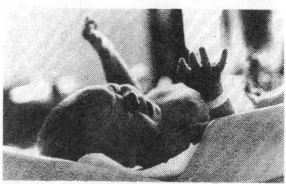

Malgré la crise de la natalité, les Français sont de plus en plus nombreux.

La France métropolitaine comptait, au 1er janvier 1987, 55 millions et demi d'habitants, plus exactement 55 506 000, selon les premières estimations de l'I.N.S.E.E., soit 228 000 de plus que l'an dernier.

L'année 1986 a connu, comme les deux années précédentes, une légère remontée de la natalité avec 778 000 naissances – 10 000 de plus qu'en 1985. Après être tombé à son plus bas niveau, en 1983, avec 179 enfants pour 100 femmes, l'indicateur de fécondité est parvenu à 184.

A l'heure où les pouvoirs publics soulignent leurs préoccupations natalistes, on constate que les progrès enregistrés depuis trois ans sont dus à l'augmentation des naissances hors mariage (19,6 % du total des naissances en 1985) ainsi qu'à celles de rang trois et plus. Globalement, le nombre d'enfants nés de couples légitimes continue de diminuer.

Cette tendance a de fortes chances de se poursuivre encore au moins quelques années, car jamais l'institution du mariage n'a aussi peu fait recette qu'en 1986 ; 266 000 couples sont passés devant le maire alors qu'ils étaient encore 334 300 en 1980. A terme, si aucune reprise de la nuptialité ne vient à se manifester, on aboutirait à un taux de célibat définitif de 47 %, note l'I.N.S.E.E.

Le nombre de décès évalué pour 1986 a été de 550 000, soit 2 500 de moins que l'année précédente. L'espérance de vie des hommes et des femmes continue ainsi sa progression régulière : à sa naissance, un garçon a désormais devant lui une moyenne de 71,5 années de vie, une fille de 79,6 ans. Mais en 1986, 8,1 nouveau-nés sur 1 000 sont morts avant un an (8,3 pour 1 000 en 1984 et 1985).

La pyramide des âges, obsession des démographes et des gestionnaires des caisses de retraite, a enregistré, en 1986, un accroissement des populations âgées de 65 ans et plus, après une baisse qui a duré cinq ans, due à l'arrivée dans cette tranche d'âge des classes creuses de 1915-1919. Au 1er janvier 1987, 28,5 % des habitants de la France métropolitaine étaient âgés de moins de 20 ans, 58,2 % avaient entre 20 et 64 ans, et 13,3 % 65 ans ou plus.

Avec l'aimable autorisation du journal Le Figaro.
Copyright Le Figaro 1987.

Une journée très ordinaire

Try to make sense of the story entitled *Une journée très ordinaire*. To help you it is about the daily routine of a strange character called Mr Pétsec.

Read the account called *La journée de Nicolas* and then try to describe in French a typical day in your life.

UNE JOURNÉE TRÈS ORDINAIRE

Le jour TRIIIIIIIII !!!!!!!, une sonnerie stridente retentit. Ni une, ni deux, M. Pétsec rejette sa couverture, saute dans ses pantoufles rangées la veille, se précipite à la salle de bain, se rase, puis se tapote les joues de lotion après-rasage.

Sa toilette terminée, il descend l'escalier en trombe, et, devant le regard affolé du canari en cage, bondit du frigo à la plaque chauffante, de la casserole à la table... à laquelle il s'installe.

Après avoir grignoté deux biscottes, beurrées l'une sur l'autre pour ne pas les briser, il allume la radio, boit son café, éteint la radio, et en un tournemain, place tasse, soucoupe, couteau et cuiller dans le lave-vaisselle.

Il remonte quatre à quatre, s'habille, noue sa cravate, inspecte ses dents, les nettoie, se passe un coup de peigne, puis, avec une moue condescendante, expédie quelques pellicules, de ses épaules à terre, en trois ou quatre chiquenaudes. Il surgit alors dans la chambre, empoigne son attaché-case, dépose un baiser impatient sur le front de son épouse encore somnolente, dévale les marches du perron et s'engouffre dans sa voiture qui démarre aussitôt.

Crissement de pneus, claquements de portière et de porte d'entrée, bonjour sec au personnel d'accueil, vrombissement de l'ascenseur, claquement de semelles, raclement de chaise, puis de gorge, déclic de la mallette et enfin bruissement d'un fond de pantalon qui s'assied.

12 h : Drilingdrilingdriling !!!!!!!!!!

M. Pétsec, suivant la file de ses collègues au fast-food, fait glisser son plateau en le garnissant d'aliments sous cellophane.

13 h : Reprise du travail. Le stylo parcourt le papier, répète inlassablement les mêmes arabesques en tarissant son encre jusqu'à ce que le gong du sursis retentisse. Il regagne enfin son pot à crayons.

P. Pétsec refait alors le trajet de l'aller dans le sens du retour et, sans s'effondrer dans un fauteuil, sans desserrer sa cravate, avale le repas que sa femme a décongelé. La cérémonie du lave-vaisselle achevée, il monte dans la chambre, se déshabille, enfile son pyjama blanc à rayures marron, se lave les dents, se cale au lit et fait la synthèse de la presse quotidienne. Cette dernière « épluchée », il met l'alarme de son réveil, se couche (sans attendre sa compagne qui, elle, regarde une série américaine), ferme les paupières, et, à tâtons, éteint sa lampe de chevet. □

*Sylvain Louradour,
14 ans, d'Aurillac*

Au secours

descend l'escalier en trombe	– goes/sweeps downstairs like a whirlwind
grignoté	– nibbled
une moue	– a pout
pellicules	– dandruff
chiquenaudes	– flicks (of the fingers)
empoigne	– grabs
dévale	– rushes down
s'engouffre	– rushes in
se cale au lit	– settles comfortably into bed

La journée de Nicolas

7 h 30 : Nicolas est endormi.	12 h 40 : Ah le beau poulet, on va se régaler!
7 h 35 : Il a quitté son lit.	1 h 10 : Nicolas joue au jardin.
7 h 45 : Il faut vite se laver.	1 h 20 : Il repart à l'école sans traîner.
8 h : Le petit déjeuner est prêt.	2 h 35 : L'après-midi, on fait de la peinture.
8 h 15 : Nicolas part en classe.	3 h 25 : On écoute aussi des disques.
8 h 25 : Il arrive devant l'école.	4 h : Nicolas rentre, avec une amie.
8 h 30 : Nicolas écrit des A, des O, des E.	4 h 30 : Tartines et chocolat, voici le goûter.
9 h 50 : Il apprend à calculer.	5 h 05 : Un puzzle, c'est bien amusant!
10 h 05 : C'est la récréation, dansons!	6 h : Que c'est agréable, un bon bain!
11 h 10 : Nicolas écrit dans son cahier.	6 h 30 : La soupe est servie, Nicolas!
12 h : Attention aux feux pour traverser!	6 h 55 : Pour le dessert, un gros gâteau.
12 h 15 : Voici la maison.	7 h 10 : Après dîner, on se lave les dents.
12 h 20 : On se lave les mains avant de déjeuner.	7 h 15 : Nicolas va chercher son ours.
12 h 30 : A table, le repas est servi!	7 h 20 : Un peu de télévision.

Un peu de sociologie

You have received a letter from a pen friend which contains a newspaper cutting. Read the extract from the letter and read the article by quickly skimming through it. Why has your pen friend sent this cutting and what question does it deal with?

À propos, je sais que tu te prépares pour ton examen de sociologie en juillet et il me semblait que cet article t'intéresserait. Je t'ai marqué les parties importantes...

Les parents nouveaux... et leurs enfants

«Directifs» surtout mais aussi «pudiques» ou «affranchis», «éclaireurs» parfois : tels sont les nouveaux parents vus par «Alma», le magazine féminin de Bayard-Presse, et Ipsos. Partant d'un sondage effectué (7 au 11 octobre) auprès de quatre cents parents ayant au moins un enfant de 7 à 8 ans — l'âge dit de raison à partir duquel on ne considère plus l'enfant comme un bébé mais comme un être en devenir dont on attend quelque chose — «Alma» et Ipsos ont analysé les réponses à trente et une questions concrètes portant sur la vie de tous les jours et classé les parents. «Alma» en publie les résultats dans son numéro de mars.

Trente-cinq pour cent sont «directifs», la catégorie montante. Pour eux, la loi est dure mais c'est la loi. Les parents guident, disent le bien et le mal et les enfants suivent. Habitants des grandes villes, de classe moyenne, plus nombreux à droite et chez les catholiques, ces parents ont plus souvent des garçons que des filles.

Vingt-cinq pour cent sont «pudiques», c'est-à-dire attachés aux valeurs classiques mais plus hésitants, s'affichant moins tout en voulant être obéis. Ceux-là sont plus souvent habitants de petites villes et parents de filles.

Vingt-cinq pour cent sont «affranchis». Pour eux l'enfant est un être à la fois autonome et social, l'école de la vie compte autant que ce que les parents transmettent. On rencontre dans ce groupe beaucoup plus d'ouvriers et aussi plus de partisans du parti communiste et de catholiques que la moyenne nationale.

Quinze pour cent enfin des parents sont classés «éclaireurs». Cadres souvent, socialistes, sans religion, plus jeunes, comptant beaucoup de mères actives, ils ont des âmes de pédagogues et favorisent curiosité et liberté d'expression.

Quelles que soient leurs catégories de classement, les parents privilégient des valeurs sûres chez l'enfant : esprit de famille, tendresse (bisous et câlins), sociabilité, autodiscipline vis-à-vis de la télé essentiellement. Enfin, les mères se révèlent plus sévères que les pères. Elles n'aiment ni la bagarre ni la saleté, n'apprécient pas beaucoup les dodos dans le lit des parents ni les questions sur leur salaire ni qu'on les appellent par leur prénom.

La Voix du Nord

Based on a more detailed reading of the article, into which categories would you place the following parents? In each case give reasons for your answer.

1. **M. et Mme Vilalta**
   (25 et 27 ans – Dax)
   – Nous espérons que Jules va se développer en toute liberté. Il est curieux de nature, intéressé par tout et ceci le mène à toutes sortes de découvertes. On ne veut pas trop limiter sa liberté de jugement.

2. **M. et Mme Piget**
   – Pour nous Jacques n'est qu'un enfant. Après tout, nous sommes ses parents, nous avons plus d'expérience de la vie que lui et nous en savons plus long.

3. **M. Barzach**
   (28 ans – Metz)
   – Les enfants existent et se réalisent dans une certaine société. Il faut donc qu'Oriane devienne responsable de sa vie sans que ce soit moi qui impose.

Prepare, as fully as you can, an account in English of the article. This should cover
– the origins of the article
– the different classifications made in the article
– the conclusions reached in the article.

22

Drame à Nevers

Using these two newspaper articles, one from *France-Soir*, the other from *Le Figaro*, (which are reports of the same crime), draw up a list of the events in the order in which they happened. You must make sure that you include (also chronologically) anything which preceded the crime but which may have had a bearing on what eventually happened in Nevers.

Drame à Nevers

Il tue sa femme et se suicide

NEVERS
(Corresp. « F.-S. »)

UN armurier de Nevers, Jean-Marc Humbert, quarante-cinq ans, domicilié rue des Ouches, à l'issue d'une dispute avec son épouse Danièle, quarante quatre ans, a tué celle-ci, dans la nuit de mardi à merecrdi, d'un coup de fusil de chasse.

Il a ensuite téléphoné à sa mère, lui annonçant qu'il venait d'abattre sa femme et qu'il allait mettre fin à ses jours. Celle-ci alertait aussitôt le commissariat.

Les gardiens de la paix, arrivés peu après, durent enfoncer la porte de l'appartement, derrière laquelle étaient blottis les deux enfants du couple, Perrine (huit ans) et Stéphane (six ans). Les bambins, terrorisés par la scène dont ils avaient été les témoins, étaient dans l'incapacité d'ouvrir la porte aux policiers.

Dans la chambre, Danièle Humbert, atteinte à la poitrine par le coup de fusil, avait été tuée sur le coup. Le meurtrier était allongé à ses côtés, grièvement blessé à la gorge.

Troubles mentaux

Selon les premiers éléments de l'enquête, la mésentente durait depuis plusieurs mois entre les deux époux. L'armurier, dont le fonds de commerce était au nom de sa femme, avait, en effet, décidé de divorcer. Au cours des dernières années, il avait été soigné à plusieurs reprises pour troubles mentaux dans un établissement spécialisé.

France-Soir

Au secours

la mésentente – the misunderstanding/disagreement

Pensez-y

Read these sentences carefully and then copy out the plan of this apartment. By referring to the sentences, complete the plan by filling in the name of each room. Take care – one room is used for two different things.

1. La pièce à droite de la porte d'entrée n'est pas la pièce où l'on irait se laver.

2. Mes parents ont transformé la chambre à côté de la salle de bains en bureau. Ils y travaillent presque tous les soirs.

3. En entrant dans l'appartement tu verras mon père dans la cuisine au fond du couloir en train de nous préparer quelque chose à manger.

4. Papa et maman ont fait installer un passe-plat entre la cuisine et la salle à manger. C'est une sorte de trappe.

5. En été, s'il fait beau, nous aimons ouvrir toutes grandes les portes du balcon et y mettre la table. C'est chouette, car ça donne sur les montagnes.

6. Si tu vas aux toilettes entre sept et huit heures, tu risques de déranger mon petit frère qui dort à côté.

7. Mes parents m'ont promis ma propre chambre si un jour nous déménageons. Pour le moment je suis obligé de partager avec mon frère. C'est vraiment embêtant. Je n'ai pas le droit de passer mes disques le soir, ni d'y inviter mes amis.

8. Mes parents disent qu'ils ne veulent pas me mettre dans la chambre à côté de la salle à manger, car s'ils reçoivent des amis, ils ne veulent pas nous déranger.

9. On mange et on se détend dans la même pièce.

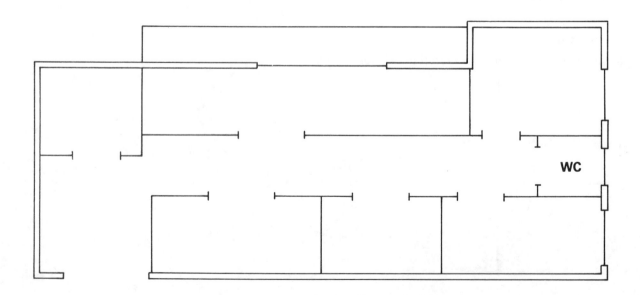

Drôle de village!

Read the following text carefully and then see if you can work out in which area of France you would be most likely to find the nine houses in the picture.

En Bretagne on trouve beaucoup de maisons dont le matériau principal est le granit que l'on voit surtout en gros blocs autour des portes et des fenêtres. Elles ont des toits d'ardoises et il y a traditionnellement deux ou même trois souches de cheminées.

Dans les Alpes on se sert surtout du bois dans la construction des maisons. Normalement on vit au premier étage, le rez-de-chaussée servant à l'hébergement du bétail en hiver.

La maison typique du Nord de la France est construite de briques rouges. Ces maisons sont souvent à trois ou même à quatre étages.

Les maisons du Pays Basque se reconnaissent facilement par leur toiture traditionnelle avec, d'un côté seulement, une pente très forte. L'autre pente est toujours inclinée vers l'ouest. Il y a souvent de la boiserie visible à l'extérieur.

En Alsace les maisons traditionnelles sont faites principalement de bois. Dans cette région on voit beaucoup de cigognes qui font leur nid sur les cheminées. Le troisième étage est souvent juste au-dessous des toits.

Dans le Massif Central c'est le plus souvent la pierre jaune de la région que l'on utilise dans la construction. D'habitude les fenêtres sont assez petites avec, au premier étage, des 'lucarnes capucines'.

En Vendée, l'habitat traditionnel est une maison rustique de plein-pied. Les maisons sont souvent jumelles.

La maison traditionnelle normande se reconnaît par son toit de chaume. Avec un petit verger devant, et parfois un étang aussi, elle est assez basse avec des poutres en bois.

Partout en Provence on voit ces maisons d'une blancheur éclatante, aux toits couverts de tuiles rouges.

Veuillez nous excuser . . .

Your family has booked a *gîte* holiday in France. When you arrive at your destination you find this note pinned to the door. Your parents ask you to explain what the note says.

Lundi 10 heures

Veuillez nous excuser de ne pas être là pour vous accueillir : mon mari est au travail et ma voiture est en panne.

Vous trouverez les clés chez Mme Cassien, (c'est la petite maison blanche à coté de la boulangerie) elle vous attend.

Je vous ai laissé des crêpes et une bouteille de Muscat dans le frigo. J'espère que vous boirez à notre santé. J'ai aussi ouvert le gaz mais attention au four ! Il faut bien aligner les deux trous d'allumage, sinon vous risquez de vous brûler les sourcils !

Le chauffe-eau marche à l'électricité. Si vous voulez vous doucher il faut l'allumer au moins une demi-heure à l'avance pour que l'eau soit bien chaude. Si vous avez besoin d'autres couvertures, vous en trouverez dans l'armoire dans la grande chambre.

Nous passerons vous voir demain matin vers 10h. Si vous voulez nous contacter ce soir vous pouvez nous téléphoner au 16 82 54 43,

Anne Riget

Petit fait divers amusant

Your French pen friend has decided to enter a competition in France called *Pourriez-vous faire des bandes dessinées?* (Could you be a cartoonist?) She has remembered that you are good at drawing and has decided to ask for your help. The first prize is a week for two in the French Alps. The competition is based on a true story. The idea is to design a cartoon for it. Your pen friend has helped you by writing out what could go in the speech bubbles but was so excited that she has forgotten to tell you what the story is about.

Looking at the newspaper cutting she has sent you and the notes she has written:
– decide who has said what
– reconstruct the story.

ARAMIS JE VAIS T'EMMENER CHEZ LE VET

TIENS-TOI TRANQUILLE

JE SUIS DÉSOLÉ JE NE L'AI PAS FAIT EXPRÈS

ILS M'AGAÇENT CES DEUX-LÀ

QUELLE HORREUR ! JE DÉTESTE LE VET

QUEL JOLI CHIEN, VOUS AVEZ LÀ !

AIE ! VOUS M'AVEZ TRAVERSÉ LE PANTALON

Vacciné contre la rage à la place de son chien

EPINAL

(Corresp. « F.-S. » «C'EST vrai, ce qui m'est arrivé n'est pas ordinaire... » Le jeune facteur de la Voivre (Vosges) ne veut pas en dire plus sur l'aventure **insolite** dont il vient d'être victime.

Insolite, ô combien ! Il **a été vacciné de la rage à la place de son chien Aramis** ! Et depuis l'accident, on le plaisante gentiment sur le fait qu'il n'a plus à craindre les morsures des chiens désormais...

Il ne s'agit nullement, bien sûr, d'une mesure de l'administration des P. et T. pour préserver ses fonctionnaires de la terrible maladie. Non, le chien devait être vacciné, c'est obligatoire et indispensable dans l'Est, où le fléau est endémique chez les animaux. Aussi, le fonctionnaire a-t-il, comme il le doit régulièrement, conduit son chien chez le vétérinaire.

« **Tenez bien Aramis contre votre genou pour qu'il ne bouge pas** », recommanda le praticien.

Le maître serra un peu plus fort son chien contre lui et l'aiguille, glissant sur les poils de la bête, vint s'enfoncer dans le genou du facteur. C'est lui qui reçut la dose de vaccin. Le premier instant de stupeur passé, le facteur et le vétérinaire prirent la chose du bon côté. L'incident ne pouvait avoir de conséquences et Aramis a ensuite été parfaitement vacciné. On ne sait pas si le facteur demandera un rappel, en même temps que son chien.

Au secours

le fléau — a plague
endémique — endemic (permanently present in that area)
un rappel — a follow-up injection

27

Free time

Sommaire d'un magazine

You have bought a copy of a French magazine. Consult the contents page and decide which headings you will have to look at if:
– you would like to find a pen friend
– you would like to get some ideas about fashion this year
– you would like to try a game
– you would like to know what are the top ten songs of the month

– you would like to enter a competition
– you would like to find out the latest gossip about actors and singers
– you would like to read a recent publication
– you would like to read about your favourite singers.

Les films

1. Read the short reviews of the film and fill in this chart.

Film titles	Country of origin	Type of film (Science fiction, cartoons etc.)	Actors

2. You and your best friend are in France. You would like to go to the cinema. You both like love stories and you were very impressed by a young actress in *Desperately Seeking Susan*. Reading the information given on each film, what would be your decision?

3. You and your parents are spending a couple of weeks in France. Your parents would like to go to the cinema although their French is very basic. They would like something rather entertaining. You like detective stories. Can you give them an idea of what the film you choose will be about?

Au secours

en rigolant   – laughing
un officier des Stups – a drug squad officer

29

Le hit des fans

1. You love pop music and are so keen that you keep a file giving personal details on various singers and groups you like. Reading an article sent by your French pen friend, what would you enter in your record cards about Kim Wilde, Pierre Cosso, Style Council and Samantha Fox? To help you, use the headings from the record cards opposite.

SAMANTHA FOX DO YA DO YA

Cher Jean-Loup, j'aimerais avoir des informations sur Samantha Fox : ce qu'elle faisait avant de chanter, si elle compte faire un autre disque ? Quelle est son adresse ? Gros bisous, Karen, Le Pontet. Samantha Fox, Sammy pour ses amis, est une Londonienne qui vit encore chez ses parents. Elle a quitté l'école pour mener la vie qu'elle aime : modèle pour les magazines de charme d'abord, dans les affaires ensuite en créant une ligne de maillots de bain, et enfin en ouvrant un bar-restaurant. Un deuxième titre « Do ya do ya » sortira bientôt en France. Son adresse : Samantha Fox, c/o Carrère, 27, rue de Suresne, 75008 Paris.

STYLE COUNCIL SHOUT TO THE TOP

Loup, loup, je voudrais savoir qui compose le groupe Style Council, à quand remontent leurs débuts et s'ils ont fait un album ? Je t'adore, à bientôt, Géraldine, 95600 Eaubonne. Style Council est un duo britannique composé de Paul Weller (chanteur et guitariste) et de Mick Talbot (au piano). Ce groupe a vu le jour en 1983 et a toujours bien figuré dans les hits. Leurs deux albums sont : « Au café bleu » et « Our favorite shop » avec un super tube, « Shout to the Top ».

PIERRE COSSO EN CHANSON

Hello mon Loup, pourrais-tu me dire ce que devient Pierre Cosso ? Quelle est sa date de naissance et son signe astrologique ? A quelle adresse peut-on lui écrire ? Je t'embrasse, grosses bises mon Loup, Sandra, Troyes. Installé en Italie depuis un bon moment, Pierre a décidé de rentrer à Paris où il vient d'enregistrer (au studio du Palais des Congrès) son premier 45-tours intitulé « Vis ta vie », bientôt sur les radios. Il est né le 24 septembre 1963, son signe astrologique : la Balance, son adresse : Pierre Cosso, c/o Guy Bonnet, 5, rue Degrousse, 75116 Paris.

KIM WILDE SCHOOL GIRL

Cher Jean-Loup, j'aimerais que tu me renseignes sur Kim Wilde : quelle est sa date de naissance, son signe astrologique ? Quel est son vrai nom et le titre de son dernier 45-tours ? Mille gros bisous, Isabelle, Toulon. Kim est son véritable prénom, Wilde étant le nom de son père (célèbre rocker des années 50) mais pas le sien : Kim Wilde est en réalité Kim Smith. Elle est née le 18 novembre 1960 en Grande-Bretagne sous le signe du Scorpion. Son père et son frère Ricky se sont occupés de la musique de son dernier simple « School girls ».

30

RECORD CARD: GROUP	RECORD CARD: SOLO ARTIST

GROUP

NAMES: INSTRUMENTS: Photograph

1

2

3

4

5

NATIONALITY:

ORIGIN OF GROUP:

PREVIOUS RELEASES:

ANY OTHER DETAILS:

NAME:

FIRST NAME: Photograph

STAGE NAME:

NATIONALITY:

DATE OF BIRTH:

ZODIAC SIGN:

ADDRESS:

MARITAL STATUS:

FAMILY:

STUDIES:

PREVIOUS RELEASES:

ANY OTHER DETAILS:

ÉCRIS VITE JEAN-LOUP T'ATTEND

FAVINETTES ADORÉES...
J'ATTENDS DES TONNES
DE QUESTIONS SUR LES
VEDETTES A MON
ADRESSE : 65, AV. DES
CHAMPS-ELYSÉES,
75008 PARIS. VOUS
POUVEZ ME DEMANDER
N'IMPORTE QUOI SUR
N'IMPORTE QUI ! DES
BISES A TOUTES...

2. Write to Jean-Loup to get some
   information about the group A-HA. It is
   not difficult, use one of the letters written
   to Jean-Loup as a basis for your own
   letter.

Enquête sur la télévision

Your French pen friend has sent you a questionnaire that he has already filled in. He is very interested to know what your views are on television. He will try to find out if you can enter the competition. So take great care filling in the questionnaire. Write the answers in your exercise book.

GRAND QUESTIONNAIRE

ENQUÊTE OKAPI-TÉLÉ 7 JOURS

Chaque année, nous vous offrons un grand questionnaire. L'an dernier, l'enquête sur la science, lancée avec le C.N.R.S., a connu un immense succès. Télévisions, radios, agences de presse, journaux ont commenté vos réponses.

Avec Télé 7 Jours – le plus grand journal français de télévision – nous vous proposons aujourd'hui ce grand questionnaire sur la télévision. Soyez des milliers à le remplir. N'hésitez surtout pas à joindre une feuille complémentaire, si vous manquez de place pour exprimer tout ce que vous avez envie de dire.

Envoyez vos réponses à : "Enquête Okapi – Télé 7 Jours", 3, rue Bayard, 75393 Paris Cedex 08. Télé 7 Jours offrira son grand jeu à 50 d'entre vous. Quant à Okapi, il enverra à 500 autres une très belle surprise personnalisée. **RÉPONDEZ ET GAGNEZ !**

1) D'habitude, chez vous, qui allume la télévision ?

2) Préférez-vous regarder la télévision...

☐ Seul.

☐ Avec des copains.

☐ En famille.

Pourquoi ?

3) D'habitude, comment choisissez-vous, ce que vous regardez à la télévision ?

☐ Au hasard.

☐ Sur les conseils de copains.

☐ Avec vos parents.

☐ Grâce à un journal de télé. Lequel ?

4) Pour vous, la télévision c'est plutôt...

☐ Comme prendre le *Concorde.*

☐ Comme observer par un trou de serrure.

☐ Comme se reposer sur une plage.

☐ Comme regarder un nuage qui passe.

☐ Comme...

32

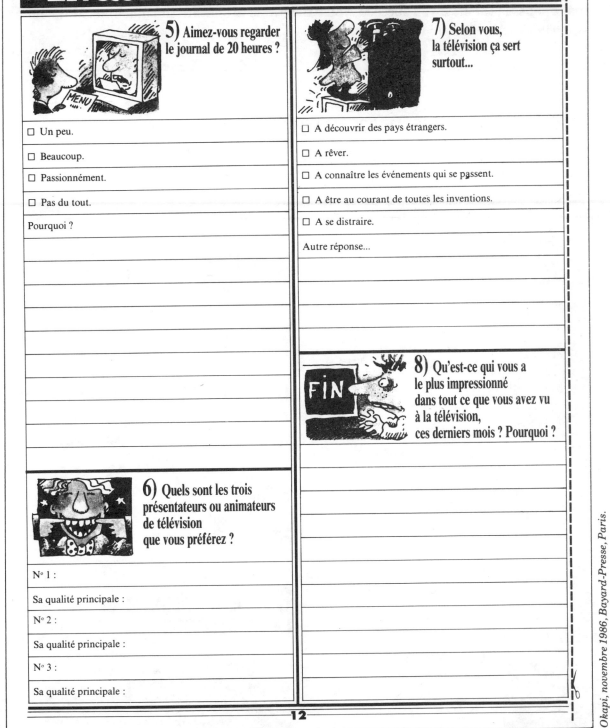

GRAND QUESTIONNAIRE

ENQUÊTE OKAPI-TÉLÉ 7 JOURS

5) Aimez-vous regarder le journal de 20 heures ?

☐ Un peu.

☐ Beaucoup.

☐ Passionnément.

☐ Pas du tout.

Pourquoi ?

6) Quels sont les trois présentateurs ou animateurs de télévision que vous préférez ?

N° 1 :

Sa qualité principale :

N° 2 :

Sa qualité principale :

N° 3 :

Sa qualité principale :

7) Selon vous, la télévision ça sert surtout...

☐ A découvrir des pays étrangers.

☐ A rêver.

☐ A connaître les événements qui se passent.

☐ A être au courant de toutes les inventions.

☐ A se distraire.

Autre réponse...

8) Qu'est-ce qui vous a le plus impressionné dans tout ce que vous avez vu à la télévision, ces derniers mois ? Pourquoi ?

12

Free time

Okapi, novembre 1986, Bayard-Presse, Paris.

Nom* :

Prénom :   Sexe :   Classe :

Age :   Nombre de frères et sœurs :

Profession de votre père :

Profession de votre mère :

Combien y a-t-il de téléviseurs chez vous ?

☐ 1.   ☐ 2.   ☐ 3.

Dans quelle pièce est-il (ou sont-ils) ?

Envisagez-vous d'exercer un métier de la télévision ? Si oui, lequel ?

Ville :   Code postal :

Minitel

1. You are staying with a French family and you are fascinated by this marvellous gadget next to the telephone which looks like a computer and gives access to a lot of services and games. You are keen to try it out. Your French friend has left some instructions. Can you make sense of them? If you succeed, you will be able to operate the machine. Make notes in English on each stage of the instructions.

Comment appeler un service Télétel

Votre Minitel branché sur votre ligne téléphonique vous permet l'accès à de multiples services Télétel.

Allumez le Minitel à l'aide de l'interrupteur marche-arrêt.

La lettre F s'affiche en haut à droite (sinon vérifiez le branchement électrique).

Décrochez le combiné téléphonique.

Composez sur le clavier du téléphone le numéro d'appel du service que vous souhaitez consulter.

Dès l'audition de la tonalité aiguë, appuyez sur la touche

La lettre C remplace la lettre F et la page d'accueil du service apparaît.

Raccrochez le téléphone

Suivez les instructions figurant sur l'écran, toutes les informations nécessaires à votre consultation ont été prévues.
Si la première page n'apparaît pas, renouvelez l'appel.

Comment changer de service

Si vous souhaitez obtenir un autre service Télétel **accessible par le même numéro d'appel :**

Appuyez une fois sur

Vous revenez à la page d'accueil Télétel. Tapez un nouveau code.

Comment interrompre la consultation

Pour mettre fin à la consultation, appuyez **deux fois** sur la touche

Vous pouvez à nouveau utiliser votre téléphone.

N'oubliez pas d'éteindre le Minitel après chaque utilisation en appuyant sur l'interrupteur marche-arrêt.

2. Looking now at the keyboard of *Minitel*:
   Can you work out the use of the various keys? Explain it in your own words.

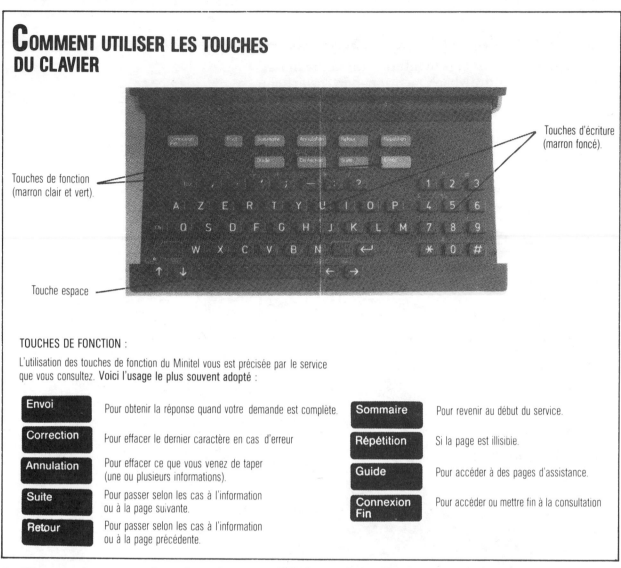

Comment utiliser les touches du clavier

Touches d'écriture (marron foncé).

Touches de fonction (marron clair et vert).

Touche espace

TOUCHES DE FONCTION :

L'utilisation des touches de fonction du Minitel vous est précisée par le service que vous consultez. **Voici l'usage le plus souvent adopté** :

Envoi	Pour obtenir la réponse quand votre demande est complète.
Correction	Pour effacer le dernier caractère en cas d'erreur
Annulation	Pour effacer ce que vous venez de taper (une ou plusieurs informations).
Suite	Pour passer selon les cas à l'information ou à la page suivante.
Retour	Pour passer selon les cas à l'information ou à la page précédente.

Sommaire	Pour revenir au début du service.
Répétition	Si la page est illisible.
Guide	Pour accéder à des pages d'assistance.
Connexion Fin	Pour accéder ou mettre fin à la consultation

3. Here are two examples of services you can obtain from *Minitel*. What are they about? What type of service do you obtain?

FUNITEL

Code : FUNI
Complexité : **
Appréciation : **

Au menu
Funitel, le service dont vous êtes le héros. Dès le sommaire, vous vous apercevez avec suprise qu'ici on ne pense qu'à s'amuser. D'où, la racine anglo-saxonne du titre : « Fun » : amusement.

Ingrédients
Trois sortes de récréations. En premier, les jeux primés : Jack-Pot (pour gagner une superbe moto), et le Funiquizz, pour gagner un séjour aux sports d'hiver (grâce à vos connaissances).
Ensuite, les jeux en général : Jeu d'aventures : Ici, c'est vous le héros.

CINETEL

Code : CINE
Complexité : *
Appréciation : ***

Au menu
Comme son nom l'indique, Cinétel est un service consacré au cinéma. On y trouve films en exclusivité, reprises, prochaines sorties, films pour enfants, etc. Sur tous ces films, bien entendu, nous avons fiche technique et résumé. Une autre section propose même des critiques. Pour les cinéphiles avertis, il existe un jeu de connaissances cinématographiques.

Ingrédients
Le clou du spectacle, c'est la rubrique des scoops, constituée par les télémateurs (comme on les appelle). On peut y lire les tout derniers tuyaux. Par exemple, un télémateur nous annonce que Steven Spielberg va commencer le tournage du *Indiana Jones n° 3* avec Harrisson Ford. Un autre dit que Mick Jagger et David Bowie vont faire un remake de *Certains l'aiment chaud* avec Madonna dans le rôle de Marilyn Monroe.
Sans doute qu'ils disent vrai, mais allez donc savoir où ils vont trouver des scoops pareils.

Notre avis
Très bon service, pratique et utile. On regrette cependant qu'il n'y ait pas les adresses des salles de cinéma avec horaires. Donc, Cinétel : pour le cinéma sans Dolby Stéréo.

César et Adrian

Piranha

Piranha

La télé et les 10/15 ans

This is the result of an opinion poll on French television given to young people. Reading the article can you find out:
– how many participated in the *sondage*
– the various roles that television plays within the French family
– what programme seems to interest them the most
– what is the only drawback mentioned in the article?

Un sondage «Télé 7 jours–Okapi»:
LA TV ET LES 10/15 ANS

Les esprits chagrins qui considèrent encore la télévision comme une intruse dans les foyers et une malédiction pour le niveau des études, devraient lire les résultats du grand sondage que Télé 7 Jours et Okapi ont effectué auprès de leurs jeunes lecteurs de 10 à 15 ans. Très sérieusement, 8 000 d'entre eux ont répondu aux neuf questions posées.

Pour eux, la télévision est un instrument

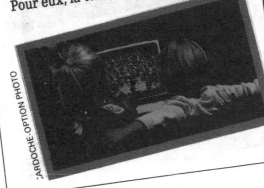

ARDOCHE-OPTION PHOTO

totalement familier et... familial et ne semble plus être un objet de pure consommation. C'est désormais un véritable outil de détente, ouvert au rêve et à l'imaginaire, mais aussi un moyen de connaissance : 89 % d'entre eux choisissent eux-mêmes soigneusement leurs émissions grâce aux magazines de télévision. Les journaux télévisés les passionnent car ils tiennent à être au courant de ce qui se passe dans le monde : 87 % les regardent «un peu» ou « beaucoup », avec une prédilection pour les présentateurs-vedettes que sont Patrice Drevet, Bruno Masure, Bernard Rapp et Claude Sérillon, pour leur humour, leur compétence, leur professionnalisme. Pour se distraire, ils apprécient particulièrement Stéphane Collaro, Michel Drucker, Patrick Sabatier et Christophe Dechavanne...

Bonne surprise : chez les jeunes de 10 à 15 ans, la télévision nourrit et favorise les échanges et les discussions en famille, à l'école ou ailleurs. Et si 19,5 % d'entre eux disent faire leurs devoirs en regardant la télévision... gageons que péché avoué sera à moitié pardonné.

Françoise Planiol

Au secours

les esprits chagrins — disgruntled people
gageons que péché avoué sera à moitié pardonné — (French proverb) a sin confessed is half forgiven

Pour les jeunes: théâtre

You are staying in Paris with your parents who cannot speak French very well. However, you and your sister learn French at school. Your parents have decided to take you to see a play. You have bought a copy of the *Officiel des Spectacles*, which is an entertainment guide on sale in Paris. After reading the page concerning the plays for young people, you decide:
– which performance you would avoid seeing
– which performance you want to go and see (you both love puppet shows and your sister loves fairy tales)
– which of these plays are most appropriate for very young children.

Vacances scolaires

It's September, and you and your French pen friend have just returned to school after the long summer holidays. You have received her first letter of the term – she tells you about the new timetable, subjects and teachers and encloses a list of the holidays for the new school year.

You were hoping to go and visit your friend during the Easter holidays for a fortnight and had planned to leave England on April 11. Will your holidays coincide?

Calendrier des vacances scolaires
ACADÉMIE DE ROUEN

Vacances de Noël: du mardi 21 décembre après la classe au lundi 3 janvier 1983.
Rentrée: mardi 4 janvier au matin.

Petites vacances 2ᵉ trimestre: du vendredi 11 février après la classe au lundi 21 février 1983.
Rentrée: mardi 22 février au matin.

Vacances de printemps: du samedi 2 avril après la classe au dimanche 17 avril 1983.
Rentrée: lundi 18 avril au matin.

Ascension, Pentecôte: du vendredi 20 mai après la classe au lundi 23 mai 1983.
Rentrée: mardi 24 mai au matin.

Début des grandes vacances: Mardi 28 juin après la classe.

Grève dans les écoles

How does the cartoonist *Trez* represent the views of these two sets of people?

How do the views relate to one another?

Minitel: la rentrée

1. What is *Minitel*?
2. Where can you use it?
3. What information can it give parents whose children are about to return to school after the summer holidays?
4. What would they need to do to obtain this information?

Inauguration le 15 septembre

«TELEMAIRIE»
un nouveau service public municipal

Tous les renseignements sur la vie municipale accessibles par Minitel de chez vous ou d'un lieu public équipé de cet appareil, voilà qui est désormais possible grâce à la collaboration qui s'est établie entre le centre serveur des Informations Dieppoises «INFOTEL» et la Mairie de Dieppe.

En même temps qu'une dizaine d'autres villes de France, Dieppe poursuit ainsi son équipement télématique.

Cette réalisation place le service public communal à l'heure des communications modernes. Elle contribue à rapprocher les citoyens de l'administration locale. Mieux encore, cette technique peut

être un moyen d'améliorer le contact entre vous et vos élus, en facilitant une nouvelle forme de dialogue personnalisé.

Ainsi par Minitel, vous pouvez poser une question, signaler un problème

au maire, à l'élu de votre quartier, Pour utiliser cette messagerie, demandez le service «AVIS» sur INFOTEL, faites le nom de votre correspondant : MAIRIE, et écrivez votre message.

Au secours

vos élus – your elected representatives

MINITEL : LA RENTREE

Le téléphone de l'école de vos enfants ?

Le nom du Directeur ou de la Directrice ?

Comment contacter une association de parents d'élèves ?

Comment s'inscrire à la cantine ?

Les heures d'ouverture de l'Inspection Académique ?

Tous ces renseignements sont accessibles par Minitel, au service MAIRIE en composant le 04.04.04.

Si vous n'avez pas encore de Minitel chez vous, ils sont en accès libre au CAC Jean Renoir et chez certains commerçants de Dieppe.

Appréciations: Awa et Roger Jow

At the end of the school year you have received a very good report, and have made particularly good progress in French. You feel that this is due – at least in part – to having spent some time with your French pen friend and his family during the Easter holidays. So you decide to send a copy of your report to him.

He is also pleased with the report he has received and sends you a copy of both his report and that of his twin sister, Awa. What are Roger's and Awa's strengths and weaknesses?

Look carefully at the comments that the teachers have made about Awa's and Roger's work. Copy this grid into your book and group the comments under these headings:

Good	Satisfactory	Poor

Make a list – in French – of your own school subjects.

LYCÉE D'ÉTAT MIXTE
CATHERINE BERNARD, BARENTIN
ANNÉE SCOLAIRE 1986/7

NOM		Jow
PRÉNOM		Roger
FRANÇAIS		Excellent élève – a beaucoup d'imagination.
LATIN		Elève méthodique.
LANGUE VIVANTE 1	<u>All.</u>	Très doué – devrait réussir.
	Ang.	
	Esp.	
LANGUE VIVANTE 2	All.	Bonne participation à l'oral.
	<u>Ang.</u>	Doué pour les langues.
	Esp.	
MATHÉMATIQUES		Elève consciencieux mais qui manque de logique.
PHYSIQUE/CHIMIE		En progrès; doit continuer ses efforts.
SCIENCES NATURELLES		A fait des progrès.
ÉDUCATION PHYSIQUE		Un des meilleurs de la classe.
DESSIN		A des difficultés.
MUSIQUE		Très doué.
TRAVAIL MANUEL		Consciencieux.

School

LYCÉE D'ÉTAT MIXTE
CATHERINE BERNARD, BARENTIN
ANNÉE SCOLAIRE 1986/7

NOM	Jow
PRÉNOM	Awa

FRANÇAIS	Trop timide; doit participer davantage pendant les cours. Résultats décevants.
LATIN	Très bonne en orthographe.

LANGUE VIVANTE 1	All.	
	<u>Ang.</u>	Pourrait mieux faire; quelquefois elle perturbe la classe; ne rend jamais ses devoirs à temps.
	Esp.	

LANGUE VIVANTE 2	<u>All.</u>	A fait des progrès.
	Ang.	
	Esp.	

MATHÉMATIQUES	Elève consciencieuse et douée.
PHYSIQUE/CHIMIE	A déjà un esprit scientifique très poussé.
SCIENCES NATURELLES	Elève méthodique qui organise bien son travail.
ÉDUCATION PHYSIQUE	Bonne participation.
DESSIN	Trop bavarde; ne doit pas s'endormir sur ses lauriers.
MUSIQUE	Très irrégulière dans son travail. Pas assez d'effort.
TRAVAIL MANUEL	Très active en classe; une des meilleures.

School

Au secours

doué(e) – gifted
résultats décevants – disappointing results
bavard(e) – talkative

Menu des cantines

Your pen friend's younger sister has recently started at Primary School and has brought home a set of menus which show a week's midday meals. Your pen friend thought you might be interested because she knows you have been studying healthy eating habits at school, and that you like cooking.

As a mini-project for your Health Education folder at school, you decide to look at the menus in detail and consider these points:
– variety of meat/fish?
– variety of vegetables?
– variety of fruit?
– variety of dessert?
– other items.
As a result of your detailed examination of the menus, you write a concluding paragraph to your mini-project which summarises what you feel about the variety of foods offered and the general balance of the menus.

VILLE DE MAROMME

76150

Tél. (35) 74.30.10

MENU DES CANTINES

du 15/04/85 au 20/04/85

		Adultes	Primaires	Maternelles
LUNDI	15	betterave rouge rôti de boeuf macédoine de légumes salade fromage petits suisses	betterave rouge rôti de boeuf macédoine de légumes petits suisses	betterave rouge rôti de boeuf macédoine de légumes petits suisses
MARDI lait	16	céleri rave poulet rôti frites salade fromage fruits	céleri rave poulet rôti frites fruit	céleri rave poulet rôti frites fruit
MERCREDI lait	17	museau vinaig. ragoût de boeuf carottes au jus salade fromage fruits	museau vinaig. ragoût de boeuf carottes au jus fruit	
JEUDI	18	pamplemousse poisson pané purée salade fromage entremets biscuits	pamplemousse poisson pané purée entremets biscuits	pamplemousse poisson pané purée entremets biscuits
VENDREDI lait	19	carottes râpées jambon haricots verts salade fromage compote biscuits	carottes râpées jambon haricots verts compote biscuits	carottes râpées jambon haricots verts compote biscuits
SAMEDI	20	museau vinaig. ragoût de boeuf carottes au jus salade fromage fruits	museau vinaig. ragoût de boeuf carottes au jus fruit	laitue au maïs ragoût de boeuf carottes au jus fruit

ex. Th. DELBOS primaire
Th. DELBOS maternelle
L. FOUQUET
L. D. MARDRUS
G. FLAUBERT
J. FERRY
Paul FORT
I.M.E.
REGISSEUR
CUISINIER
DOSSIER

MAROMME, le   13/04/85

LE REGISSEUR
J.M. CORDIER.

. Mesdames et Messieurs les Directeurs sont invités à faire connaître, au dos du menu, et pour chaque jour, s'ils sont satisfaits ou s'ils ont des remarques à apporter à la préparation et au menu lui-même.

. Ils retourneront ce menu avec les bordereaux d'encaissement de repas de cantine.

Au secours

la betterave	– beetroot	*le museau vinaigrette*	– pork vinaigrette
un petit-suisse	– a small cheese, made of goat's milk and sold in small plastic pots	*un entremets* *une compote*	– a sweet, dessert – stewed fruit

Dis-moi franchement! L'école, tu aimes ça?

The following extracts have been written by two pupils from two different schools in France.

1. From what they say, draw up in English, the timetable of a typical day. Include details about lessons, times, break and lunch times, and the beginning and end of school, where possible.
2. Work with a partner. Working separately for five minutes, draw up two lists in French, one for the positive aspects of school life which are mentioned and one for the negative aspects. At the end of five minutes, compare your lists with your partner and attempt together to find any similarities you can between the way your school and the French school operates.
3. Using only vocabulary, idioms and structures which you have read in these extracts, put together in French, a view of your own school.

Rashida, 14 ans

L'école.

Tous les jours sauf le dimanche et mercredi nous allons au collège. Pour ma classe l'emploi du temps est très simple : nous commençons à 9h et mangeons à 12h jusqu'à 13h, certains mange à la cantine et d'autre rentre chez eux, a pied, en voiture ou en vélo, puis nous terminons à 16 h sauf le mardi et jeudi à 17h et le samedi à 11h. Ceux qui mangent à la cantine doivent rester 1h en étude tous les samedis. Quand un professeur est absent c'est pareil on reste en étude. Les cours durent 1 heure. Voici les cours de la semaine et les heures. Anglais 4 heures, Français 6 heures, Musique 1 heure, Dessin 1 heures, EMT 1 ou 2, Sport 3 heures, Sciences Naturelles 1 ou 2 heures, Sciences P. Physiques 1 ou 2 heures, Histoire Geographie 3 heures, mathématique 4 heures.

L'école

Le matin, nous commençons à 8H30. Certains prennent le bus pour se rendre à l'école. Le matin, nous avons 2 heures de cours suivies d'une récréation de 15 minutes puis une autre heure de cours. A 11H30, nous nous rendons à la cantine, pour prendre notre repas de midi; à midi nous avons une seconde récréation d'un quart d'heure. L'après midi, nous reprenons nos cours et à 2H30, nous avons une troisième récréation. Nous finissons habituellement vers 15H30 ou 16H30, mais quand les professeurs sont absents on finit un peu plus tôt. Quelques fois, quand nous faisons des bêtises, les professeurs nous font venir en retenue. (du travail à faire pendant quelques heures).

Christophe, 14 ans

Professeurs mécontents

Here are two letters written by readers of *Le Figaro*. How does Madame Trubert feel about the people to whom she refers in her letter? List in English, the points she makes to support her opinion.

Working with a partner, look back at the letter and discuss which French words, expressions or phrases best demonstrate Madame Trubert's feelings. Between you, make a list of these expressions.

How do the views of G. Ginestet compare with those of Madame Trubert? Which arguments does he/she use to support this point of view?

Avec l'aimable autorisation
du journal Le Figaro.
Copyright Le Figaro 1987.

Au secours

rentrent dans le domaine de leur compétence	– fall within the sphere of their duties
une indemnité	– compensation

Pudding antillais

You have written away to a pen friend agency in search of a French-speaking pen friend. To your delight, you receive a reply from a boy who lives in Martinique. On your application form you mentioned that you collect postcards from abroad. He has thoughtfully sent you a postcard which also gives you a flavour of the island on which he lives.

Can you work out the details of the recipe given for *Le pudding antillais*?

237 - MARTINIQUE - Cuisine antillaise
Le pudding antillais   West-indian cooking

LE PUDDING ANTILLAIS

Couper 8 bananes en dés. Les malaxer dans une terrine avec 70 grammes de beurre, 150 grammes de sucre, 200 grammes de mie de pain et de la vanille.
Mouiller avec un demi-litre de lait, 2 œufs entiers et le jus de 2 citrons. Parfumer à la canelle.
Verser cette préparation dans un moule à charlotte beurré et faire cuire 1 h 30 au four et au bain-marie.
Démouler le pudding, l'arroser d'un mélange de sirop et de vieux rhum.

Au secours

la canelle, (usually spelt, *cannelle*) – cinnamon

Chez Giorgio

You decide to eat at Giorgio's restaurant with some friends who ask you to explain the menu. Which pizza would be suitable for your friend who is vegetarian and doesn't eat meat or fish and doesn't want to spend more than 35F?

Which pasta dishes could you recommend to someone who loves seafood?

So that both your friends can make their own choice, explain in each case what the pizza topping or the sauce with the pasta is made of.

PIZZA

MARGHERITA **23,00**
Tomate, fromage

CAMPAGNOLA **35,00**
Tomate, fromage, oignon, thon, huile d'olive

QUATRO STAGIONI ***35,50**
Tomate, fromage, épaule cuite, champignons, artichaut, olives

SICILIANA **20,00**
Tomate, anchois, ail, persil, olives

CALZONE (chausson) **35,50**
Tomate, épaule cuite, champignons, œuf, fromage

REGINA ***33,50**
Tomate, fromage, épaule cuite, œuf

DEL SOLE ***33,00**
Tomate, fromage, épaule cuite, champignons

CAPRICCIOSA ***33,00**
Tomate, fromage, artichaut, oignons, champignons

CHORIZO ***36,50**
Tomate, fromage, chorizo, olives, œuf

GORGONZOLA **36,50**
Tomate, fromage, gorgonzola, câpres

VULCANO **35,00**
Tomate, fromage, pancetta, olives

Look at the rest of the menu and on the basis of your own likes and dislikes (with no limit on the amount you can spend), make a list and explain what you would like to eat as a starter, main course and dessert. Total up how much your meal would cost. Are there any things on the menu you would want to avoid?

ORIENTALE **40,00**
Tomate, fromage, viande hachée, merguez, œuf

PESCATORE **40,00**
Tomate, fruits de mer

GIORGIO ***40,00**
Tomate, fromage, artichaut, saucisse cocktail, champignons, épaule cuite

CHEF ***55,00**
Tomate, fromage, saumon fumé

SALADES ET ENTRÉES

SALADES

SALADE MIXTE ***15,00**
Salades selon saison

SALADE BEAU-SEVRAN **28,00**
Fond d'artichaut, salade, jambon, noix œuf

SALADE FRISÉE AUX LARDONS ***22,00**

SALADE GIORGIO **28,00**
Crevettes, salade, mimosa d'œuf, avocat

SALADE NIÇOISE ***28,00**
Haricot vert, pomme de terre, filet d'anchois, thon, olive noire, fenouil salade

ENTRÉES

PROSCIUTTO DI PARMA ***40,00**
Jambon de Parme d'origine

CARPACCIO **40,00**
Tranches fines de boeuf cru, parmesan, huile d'olive

MORTADELLA DI BOLOGNA ***24,00**
Vraie mortadelle d'origine

CHARCUTERIE MIXTE ***35,00**
Jambon de parme, jambon de Paris, mortadelle, saucisson

AVOCAT MOUSSELINE AU VINAIGRE . . ***22,00**

AVOCAT RICHELIEU ***30,00**
Crevettes roses, sauce Orly, mimosa d'œuf

FOIE GRAS ET SES TOASTS **64,00**
un verre de Sauternes

SAUMON FUME et ses toasts **58,00**

CROTTIN DE CHÈVRE CHAUD ***28,00**

ESCARGOTS FARCIS **40,00**

MOULES FARCIES **40,00**

CUISSES DE GRENOUILLE
A LA PROVENÇALE **47,00**

CHARIOT DE HORS-D'OEUVRES ***35,00**

SOUPE DE POISSONS AVEC
SES CROUTONS ***38,00**

PÂTES

LASAGNA AL FORNO *32,00
Pâtes larges, sauce béchamel, sauce bolognèse, fromage râpé

TORTELLINI A LA CRÈME 28,00
Crème fraîche, fromage

TORTELLINI BOLOGNESE 28,00
Tortellini, tomate, duxelle de viande hachée, carotte, oignon, céleri ri

RAVIOLI NAPOLITAINE *28,00
Ravioli, tomate, oignon, huile, origan

RAVIOLI A LA CRÈME 28,00
Ravioli, crème fraîche, fromage

TAGLIATELLE BOLOGNÈSE *25,00
Tagliatelle, tomate, duxelle de viande hachée, carottes,
oignon, céleri

TAGLIATELLE CARBONARA .. 30,00
Tagliatelle, crème fraîche, œuf, lardon, parmesan, beurre re

TAGLIATELLE NAPOLITAINE 24,00
Tagliatelle, tomate, oignon, huile, origan

SPAGHETTI BOLOGNÈSE *22,00
Spaghetti, tomate, duxelle de viande hachée, carotte, oignon, céleri

SPAGHETTI FRUITS DE MER *38,00
Spaghetti, Fruits de mer soit : crevettes, moules, calamars ou coques.
Beurre, persil, ail, vin blanc, sauce napolitaine

SPAGHETTI NAPOLITAINE *20,00
Spaghetti, tomate, oignon, huile, origan

SPAGHETTI CARBONARA 30,00
Spaghetti, crème fraîche, œuf, lardons,
parmesan, beurre

SPAGHETTI SICILIENNE 25,00
Spaghetti, persil, ail, huile d'olive

SPAGHETTI GIORGIO . . 35,00
Spaghetti, beurre, champignon, jambon
blanc, vin blanc, crème fraîche,
sauce tomate

VIANDES ET GRILLADES

ESCALOPE A LA MILANAISE *45,00
Escalope de veau pané

ESCALOPE ALLA VALDOSTANA 50,00
Escalope de veau, jambon, fromage, crème fraîche, vin blanc

ESCALOPE ALLA BOLOGNESE 50,00
Escalope de veau, sauce bolognèse, jambon, fromage

ENTRECÔTE ALLA PIZZAIOLO 48,00
Entrecôte poêlée, câpres, anchois, tomate

OSSO BUCCO 48,00
Jarret de veau dans son os, tomate, carotte, oignon, céleri

BROCHETTE D'AGNEAU *50,00
BROCHETTE GIORGIO *50,00
ENTRECÔTE AU POIVRE VERT *52,00
FILET SAUCE BÉARNAISE *65,00
FILET AU POIVRE 65,00
CÔTE D'AGNEAU *48,00
nos viandes sont garnies de frites ou spaghettis ou haricots verts

CÔTE DE BOEUF BÉARNAISE 145,00
CÔTE DE BOEUF A LA BORDELAISE 165,00

PÂTISSERIES-DESSERTS

CRÈME CARAMEL *10,00

MOUSSE AU CHOCOLAT *10,00

TARTE AUX POMMES *14,00

TARTE AUX FRUITS *15,00

TARTE AU CITRON *15,00

FORÊT NOIRE 20,00

AMANDINE 20,00

BAVAROIS (parfum du jour) 20,00

ÎLE FLOTTANTE 18,00

SALADE DE FRUITS 15,00

FRUITS DE SAISON

A votre demande, une carafe d'eau sera remise gracieusement à votre disposition.

Pour tout règlement par chèque,
veuillez présenter une pièce d'identité.

Service 15 % non compris.
* Prix soumis à l'encadrement.

Ce que vous allez manger chez nous

People often feel anxious when abroad about coping with different eating habits. These three passages about food in France have appeared on a display in preparation for an exchange visit. A number of people going to France no longer study French. To help them:

1. Make notes for them in English on the eating patterns of the French (at what times they eat and how often) and include some details about what the meals are likely to consist of.
2. Make a list in French (so that they will be able to say what they like or dislike) of the things mentioned, to include different sorts of a) *fruits de mer*, b) *viandes* and c) *légumes*.
3. List in English some of the specific differences between your own eating habits and those described by the French pupils.

La nourriture française

Nous prenons au petit déjeuner soit du chocolat, soit du café ou soit du thé avec des tartines, biscottes au fromage blanc (si on veut) et des céréales.

A midi, on mange une entrée (tomates, carottes...) ensuite un plat de résistance composé de viande (porc, veau, mouton,...) de légumes (pommes de terre, carottes,...) du fromage et un dessert (fruit ou glace).

Le soir, nous mangeons en général des aliments plus légers et plus faciles à digérer.

Les repas

Le matin au petit déjeuner les français prennent:
- du café ou du chocolat
- du pain beurré ou des biscottes

Le midi, ils mangent de 12H00 à 13H00.
Leur repas est plus important que celui des anglais:
- une entrée
- un plat chaud
- du fromage
- un dessert

L'après-midi vers quatre heures certains mangent:
- des gâteaux
- boivent du jus d'orange

Le soir, les français mangent:
- potage
- poisson
- fromage
- un fruit, un yaourt ou un morceau de gâteau.

La nourriture française.

En France, on ne mange pas comme vous. Notre petit déjeuner est composé de chocolat au lait ou de café au lait avec des tartines au beurre ou à la confiture. Le midi, nous mangeons une entrée faite de tomates ou autre chose mais toujours une salade de légumes, un plat chaud fait avec de la viande et des légumes ou fruits de mer chauds comme le homard, l'écrevisse. Ensuite, il y a le fromage comme le babybel, le camembert puis ensuite le dessert fait en gros de fruits ou de gâteaux ou de yaourts.

Le soir, le repas est à peu près le même sauf parfois où il est plus léger. Il y a, à 4 heures, un goûter composé de pain ou biscuits à croquer ou aussi de la confiture de toutes sortes de parfums comme la cerise, l'abricot, la fraise, la mûre. C'est très très bon. Voilà notre journée à table. C'est très différent de votre nourriture d'autant plus qu'il ne faut pas l'oublier, nous mangeons avec du pain. J'espère que vous pourrez tous goûter à nos somptueux repas.

48

Si vous voulez bien manger à Montpellier...

You have obtained a booklet containing advertisements for restaurants in the Montpellier area. Which restaurants would you suggest, if you were asked for help by the following people:

1. A family who are driving through Montpellier and want to eat somewhere which is informal and not too fussy, where you can eat any day of the week, without having to make too long a break in your journey.
2. Someone who particularly likes seafood and fish dishes.
3. A couple who wish to organise a private party to celebrate their engagement.
4. Two business colleagues who want a hotel with a restaurant where they can eat at any time of the day and not be tied to a menu.

You have two texts which talk about two of the restaurants – one is from a letter, the other from a magazine. Can you identify the restaurants they describe and pinpoint in each case the pieces of information in the texts which helped you to make your choice?

Il est conseillé à toutes personnes de passage à Montpellier, désireuses de trouver un petit coin tranquille pour manger et voulant éviter tout problème de stationnement, d'essayer ce nouveau restaurant dont l'odeur des grillades au feu de bois vous met en appétit.

"...et, tu sais, je mourais de faim quand Henri et moi sommes sortis du théâtre, et je commençais à me demander où l'on trouverait un restaurant qui accepterait de nous servir à onze heures quinze du soir. Heureusement nous avons eu une chance extraordinaire et avons trouvé un petit restaurant tout à fait merveilleux – un steak, ma chère, cuit à point comme on l'avait demandé, et un gâteau viennois, un vrai délice!"

Peux-tu me trouver la recette?

You particularly enjoyed a dish of mushrooms you were served by French friends and discover that it was based on a recipe which appeared in the paper. Your friends give you a copy of the recipe which you decide to make. You will be cooking for eight people. Can you:

1. Draw up a list in English of everything you will need (ingredients and quantities)?
2. Work out in English how to prepare the dish?
3. Plan approximately how long the preparation will take?

Votre table
Les champignons farcis

Pour 4 personnes : 18 à 24 champignons de couche moyens, selon leur grosseur - 2 citrons - 50 g d'échalote - 2 chipolatas - 50 g de beurre - 150 g de steak haché - 6 branches de persil plat - 1 œuf - sel - poivre - un peu d'huile.

● Nettoyez les champignons, séparez les pieds des chapeaux, mettez le tout dans un saladier avec le jus des citrons, retournez délicatement pour ne pas les écraser, mais suffisamment pour qu'ils soient enrobés de citron afin de ne pas noircir à l'air.

● Pelez, hachez finement l'échalote, sortez la chair des chipolatas, mettez le tout dans une petite poêle avec une noisette de beurre, faites revenir 4 à 5 mn en remuant souvent, laissez refroidir, mettez dans un saladier.

● Ajoutez le reste de beurre, le steak haché, le persil très finement haché, l'œuf entier, jaune et blanc, malaxez pour obtenir une préparation homogène aux ingrédients bien répartis tout en salant et poivrant.

● Ajoutez encore les queues des champignons grossièrement hachés.

● Versez un peu d'huile dans un plat à four, préchauffez le four à thermostat 6.

● Emplissez les chapeaux des champignons avec le contenu du saladier, posez-les sur leur côté bombé, farce sur le dessus, dans le plat huilé, couvrez le plat avec une feuille d'aluminium, introduisez dans le four.

● Laissez cuire pendant 15 min.

● Retirez l'alu et, selon le matériel que vous possédez, ou bien passez les champignons sous la voûte allumée, jusqu'à ce que la farce commence à grésiller, ou bien laissez les champignons dans le four en augmentant le thermostat à 7, jusqu'à ce que le même résultat soit obtenu.

Céline VENCE

Le Parisien

Menace de grève

You are spending your Christmas holidays in Paris, which is where your French pen friend lives. You plan to do some last-minute shopping together. Your friend is reading the evening paper when he suddenly groans, points out this article to you and walks out in disgust! What do you discover has caused this displeasure?

In English, write a short paragraph which you could include in a letter home explaining what upset your pen friend and how this was inconvenient for both of you.

R.A.T.P. : menace de trois jours de grève

Menace de graves perturbations à la R.A.T.P. pour les fêtes. Le syndicat autonome traction, qui déclare représenter cinquante-six pour cent des conducteurs de métro, a annoncé hier son intention de déposer **un préavis de grève** pour les 22, 23 et 24 décembre prochains. Il veut ainsi « dénoncer la lenteur qui s'est installée dans les négociations sur le reclassement hiérarchique et les augmentations de salaires des conducteurs ».

École de voile

You have just received a letter from your French pen friend with whom you are going to stay in the summer holidays. Her parents are members of the *Yacht Club de Dinard* and she is planning to take some lessons there during your stay. She encloses this brochure for you to see whether you would be interested too. You are! However, you have to put your parents' minds at rest, and convince them that this is a good idea.

1. What could you tell them that would reassure them?
2. Of course you want their approval because you don't want them to worry about you. But you also need it for a very practical reason. What reason?

YACHT CLUB DE DINARD

ÉCOLE DE VOILE

PROGRAMME SPORTIF

Homologuée par la Fédération Française de Voile, l'école de Voile du Yacht Club de Dinard a pour but l'initiation et le perfectionnement à la pratique de la voile.

L'école est ouverte

DU LUNDI 1 JUILLET AU SAMEDI 31 AOÛT

sous forme de six demi-journées consécutives, représentant 21 heures d'enseignement.

ENSEIGNEMENT

L'enseignement est constitué de cours théoriques et pratiques.

16 OPTIMISTS, 2 CARAVELLES,
6 MOWGLI, 6 DERIVEURS légers 420
sont à votre disposition.
A l'appui des cours sera organisé un perfectionnement dans la pratique de la godille.
Les cours sont dispensés par des moniteurs qualifiés.

SURVEILLANCE - ASSURANCE

La surveillance est assurée en permanence par des bateaux de sécurité.

En cas de mauvais temps, les cours pratiques sont remplacés par des cours sur les rudiments de base de la navigation et le matelotage.

Toute personne n'étant pas titulaire d'une licence fédérale devra acquitter une assurance d'un montant de 18 F.

CONDITIONS À REMPLIR

- Nager correctement.
- Avoir plus de 8 ans au 1er Juillet de l'année en cours.
- Avoir une autorisation écrite des parents
- Certificat médical.

DATE DES STAGES

- 1er stage: du 1er au 6 Juillet
- 2ème stage: du 8 au 13 Juillet
- 3ème stage: du 15 au 20 Juillet
- 4ème stage: du 22 au 27 Juillet
- 5ème stage: du 29 Juillet au 3 Août
- 6ème stage: du 5 au 10 Août
- 7ème stage: du 12 au 17 Août
- 8ème stage: du 19 au 24 Août
- 9ème stage: du 26 au 31 Août

TARIFS

Les cotisations sont par stage de :
- Optimists et Caravelles   370 Frs
- Dériveurs légers et Mowgli 495 Frs

Réduction de 10%
          à partir de la 2ème inscription
Réduction de 20%
          pour les enfants des membres.

RENSEIGNEMENTS ET INSCRIPTIONS

YACHT CLUB DE DINARD
Promenade du Clair de Lune
Téléphone: 46.14.32

du 27 JUIN au 17 SEPTEMBRE 1985

Location de vélos

You and your friend are on a walking and camping holiday in France. You have found a good camp site and wish to stay there for a few days because there are a number of places of interest nearby. In the time available, you wish to visit as many of these places as possible and to do it as cheaply as possible! This advertisement on display in a café seems like a possibility.

Describe in English, so that your friend can understand too, the details you will need to contact *Ets J. Arnaud*. What can the firm offer its customers?

Vacances prudence

You and your family are on a touring holiday in France. In one of the *Offices du Tourisme* you pick up a leaflet which gives advice to holiday-makers.

Your mother is anxious to know what advice there is for road-users. Work out in English what you would tell her.

A la montagne

Une randonnée, une escalade se préparent. Tenez compte des bulletins météo. *Interrogez les répondeurs automatiques.*

Votre équipement doit être parfaitement adapté. Prévoyez toujours une fusée de détresse et une lampe électrique. Souvenez-vous du signal de détresse (les 2 bras levés formant un Y avec le corps).

Ne partez jamais seul... et soyez accompagné de personnes expérimentées. Recourez aux guides et aux accompagnateurs de moyenne montagne.

Prévenez toujours quelqu'un, de votre itinéraire, de la composition de votre groupe et de l'heure de votre retour.

Au bord de l'eau

Sur les plages surveillées, observez les consignes données. Baignades non surveillées : un danger est toujours possible. Ne vous baignez jamais seul. Ne quittez pas vos enfants des yeux, même s'ils savent nager. Entrez progressivement dans l'eau. Prenez garde à l'hydrocution après un bain de soleil prolongé, un effort intense ou un repas copieux. Plongeurs, méfiez-vous des obstacles non apparents. Véliplanchistes, équipez-vous d'un harnais, d'un gilet de sauvetage et d'une combinaison isothermique. Redoublez de prudence lorsque le vent porte vers le large.

Si quelqu'un vous paraît en difficulté dans l'eau, donnez aussitôt l'alerte.

Sur la route

Votre véhicule est-il en bon état ? (freins, pneumatiques). Vous conduisez ? Alors soyez *sobre, attentif, prudent.* Respectez le code de la route. Sachez vous arrêter pour vous délasser. Sur les autoroutes, respectez les distances et, sauf nécessité, n'empruntez pas la bande d'arrêt d'urgence.

L'important c'est d'arriver.

MINISTÈRE DE L'INTÉRIEUR ET DE LA DÉCENTRALISATION
avec le concours du groupe [mw] les mutuelles du mans

Au secours

délasser – to refresh yourself, to recuperate

Hoverspeed – le plus rapide, le plus pratique

You are travelling back to Britain with your parents by ferry, but you find the journey long and tedious. You picked up a brochure on hovercraft flights before leaving France and your parents would quite like to compare both methods of travelling.

Read this page of the brochure carefully and make a few, brief notes in English so that everything is clear in your mind for when you come to tell your parents all about it.

Roulottes en Mayenne

You study French at school and you would like your family to spend their summer holidays in France. Your father would like a touring holiday and your mother likes to take things at a leisurely pace. Your brother has no particular preference but he does like animals.

Having written away to the information office in Mayenne, you receive a selection of leaflets about the area and this one in particular interests you.

1. How will you convince the other members of your family that this is just the holiday for them?
2. Let us suppose that you have managed to interest them.
   a) How would you reduce their fears about coping with the horse and caravan?
   b) What details could you give them about the caravan?

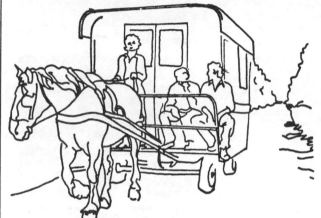

J'arrive à Orly Sud

You are going to spend some of the summer holidays with your pen friend who lives in Paris. You are travelling by air for the first time, and you know that you will land at Orly Sud. Your pen friend and her father will meet you at the airport. They have sent you a booklet produced by the airport authorities and have referred you to pages 30 and 31 because they include details of what you should do once you arrive.

What should you do, and where will you meet your friend? You decide to make notes in English for yourself, and to number the tasks in the order in which you must do them.

J'arrive à Orly Sud

Si ma destination finale est Paris :

1er étage

J'arrive au 1er étage de l'aérogare où je passe les formalités de douane et de police si j'arrive de l'étranger.

Par un escalier mécanique je descends au rez-de-chaussée où je récupérerai mes bagages.

Rez-de-chaussée

Au rez-de-chaussée, la zone de livraison des bagages est divisée en deux parties : trafic métropole, trafic international.

Les bagages arrivent sur tapis tournants au-dessus desquels le numéro de mon vol et ma provenance sont indiqués.

Si je n'ai rien à déclarer, j'emprunte le circuit vert et si j'ai des objets à déclarer, le circuit rouge.

Dans le hall du rez-de-chaussée, je peux retrouver au Point de Rencontre les personnes venues m'accueillir.

J'y trouve également un bureau d'information et de tourisme, certains services (voir pages 36 à 38) ainsi que les moyens de transport à ma disposition pour quitter l'aéroport ou retrouver ma voiture (voir stationnement).

Si je suis en transit

Je dois m'adresser à l'hôtesse qui se trouve dans la salle de débarquement ou à la banque de correspondance de la compagnie qui vient de me transporter.
Elle m'indiquera ce que je dois faire pour moi-même et pour mes bagages.

En effet les procédures sont différentes suivant mon vol d'origine (international ou intérieur) et mon vol de destination finale (international ou intérieur), et suivant que j'aie à changer d'aérogare ou d'aéroport.
Transport entre aérogares ou aéroports (voir pages 14 à 24).

Handicapés : facilités
Ma compagnie ou son représentant AEROPORT DE PARIS, met à ma disposition une chaise roulante jusqu'à ce que j'aie rejoint ma voiture ou mon taxi.

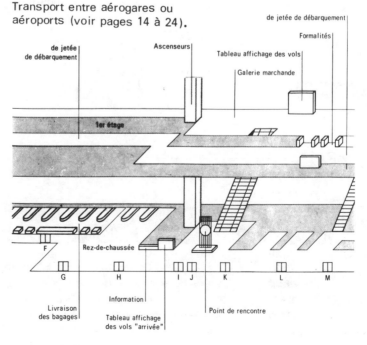

30

31

Travel

Transports Urbains Dieppois

Your French pen friend has a holiday job at the *Bureau de Renseignements* in Dieppe, and one morning you go along with her to help out. Some new bus timetables have come into operation, and you receive a number of enquiries about them.

What advice do you give the following people about:
– bus number
– bus stop
– journey times?

1. Monique Letailleur lives in the *Rue de Sygogne* and after the holiday will be starting at the *Lycée Ango*. Her lessons start at 8 a.m.
2. Madame Durand has a hospital appointment at 11.20 a.m. She lives in the *Rue Anquetin*.
3. M. and Mme Rives are travelling by train to Rouen. Their train leaves at 10.33 a.m. on Sunday. They live in the *Route du Havre* which is to the south west of the town.

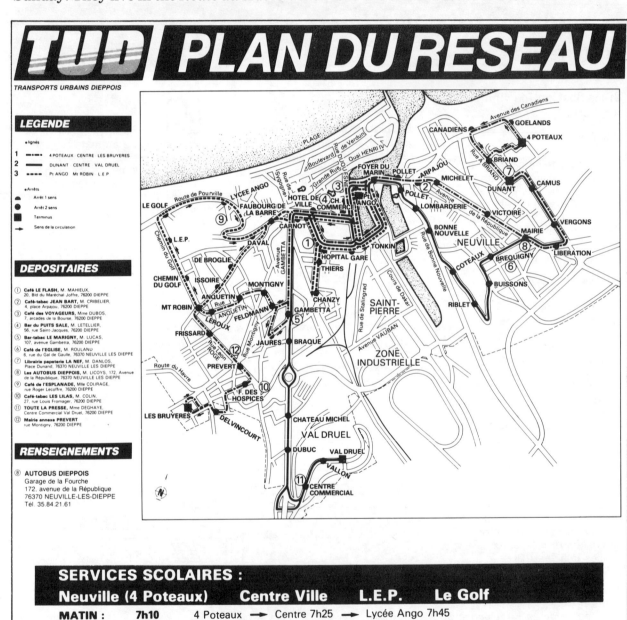

LIGNE 1 : 4 Poteaux (Neuville) Centre Ville° Les Bruyères (Janval)

SENS : 4 Poteaux → Centre Ville → Les Bruyères

Départs : 4 Pôteaux		Passages : Dunant		Passages : Foyer du Marin		Passages : Hôtel de Ville		Passages : Anquetin	
semaine	dimanche	semaine	dimanche	semaine	dimanche	semaine	dimanche	semaine	dimanche
6.20-40		6.24-44		6.33-53		6.37-57		6.43	
7.00-20-45		7.04-24-49		7.13-33-58		7.17-37		7.03-23-43	
8.10-30	8.00-40	8.14-34	8.04-44	8.23-43	8.12-52	8.02-27-47	8.16 56	8.08-33-53	8.22
9.00-20-40	9.20	9.04-23-44	9.24	9.13-33-53	9.32	9.17-37-57	9.36	9.23-42	9.02-42
10.00-25-50	10.00-40	10.04-29-54	10.04-44	10.13-38	10.12-52	10.17-42	10.16-56	10.03-23-48	10.22
11.20	11.20	11.24	11.24	11.03-33	11.32	11.07-37	11.36	11.13-43	11.02-42
12.00-10-40	12.00-40	12.04-14-44	12.04-44	12.13-23-53	12.12-52	12.17-27-57	12.16-56	12.23-33	12.22
13.00-30-50	13.20	13.04-34-54	13.24	13.13-43	13.32	13.17-47	13.36	13.03-23-53	13.02-42
14.15-30-55	14.00-40	14.19-34-59	14.04-44	14.03-28-43	14.12-52	14.07-32-47	14.16-56	14.13-38-53	14.22
15.15-35	15.20	15.19-39	15.24	15.08-28-48	15.32	15.12-32-52	15.36	15.18-38-58	15.02-42
16.00-25-50	16.00-40	16.04-29-54	16.04-44	16.13-38	16.12-52	16.17-42	16.16-56	16.23-48	16.22
17.20-40	17.20	17.24-44	17.24	17.03-33-53	17.32	17.07-37-57	17.36	17.13-43	17.02-42
18.05-30-50	18.00-40	18.09-34-54	18.04-44	18.18-43	18.12-52	18.22-47	18.16-56	18.03-28-53	18.22
19.15-40	19.20	19.19-44	19.24	19.03-28-53	19.32	19.07-32-57	19.36	19.13-38	19.02-42
20.00	20.20	20.04	20.24	20.13	20.32	20.17	20.36	20.03-23	20.42

SENS : Les Bruyères → Centre Ville → 4 Poteaux

Départs : Les Bruyères		Passages : Anquetin		Passages : Gambetta		Passages : Gare		Passages : Foyer du Marin	
semaine	dimanche	semaine	dimanche	semaine	dimanche	semaine	dimanche	semaine	dimanche
6.20-40		6.28-48		6.34-54		6.38-58		6.42	
7.00-20-45		7.08-28-53		7.14-34-59		7.18-38		7.02-22-42	
8.10-30	8.00-40	8.18-38	8.08-48	8.24-44	8.14-54	8.03-28-48	8.18-58	8.07-32-52	8.22
9.00-20-40	9.20	9.08-28-48	9.28	9.14-34-54	9.34	9.18-38-58	9.38	9.22-42	9.02-42
10.00-25-50	10.00-40	10.08-33-58	10.08-48	10.14-39	10.14-54	10.18-43	10.18-58	10.02-22-47	10.22
11.20-55	11.20	11.28	11.28	11.04-34	11.34	11.08-38	11.38	11.12-42	11.02-42
12.10-40	12.00-40	12.03-18-48	12.08-48	12.09-24-54	12.14-54	12.13-28-58	12.18-58	12.17-32	12.22
13.00-30-50	13.20	13.08-38-58	13.28	13.14-44	13.34	13.18-48	13.38	13.02-22-52	13.02-42
14.15-30-55	14.00-40	14.23-38	14.08-48	14.04-29-44	14.14-54	14.08-33-48	14.18-58	14.12-37-52	14.22
15.15-35	15.20	15.03-23-43	15.28	15.07-29-49	15.34	15.13-33-53	15.38	15.17-37-57	15.02-42
16.00-25-50	16.00-40	16.08-33-58	16.08-48	16.14-39	16.14-54	16.18-43	16.18-58	16.22-47	16.22
17.20-40	17.20	17.28-48	17.28	17.04-34-54	17.34	17.08-38-58	17.38	17.12-42	17.02-42
18.05-30-50	18.00-40	18.13-38-58	18.08-48	18.19-44	18.14-54	18.23-48	18.18-58	18.02-27-52	18.22
19.15-40	19.20	19.23-48	19.28	19.04-29-54	19.34	19.08-33-58	19.38	19.12-37	19.02-42
20.00	20.15	20.08	20.23	20.14	20.29	20.18	20.33	20.02-22	20.37

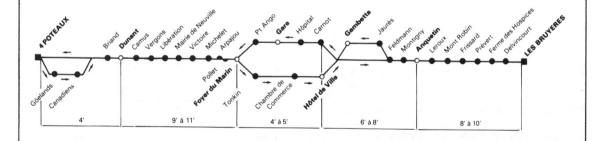

LIGNE 3 : Centre Mt Robin L.E.P.

SENS : Centre Ville → Mt Robin → L.E.P.

Départs : Pt Ango	Passages : Hôtel de Ville	Passages : L.E.P.	Passages : Chanzy
semaine	semaine	semaine	semaine
8.05-39	8.09-39	8.17-47	8.26-56
11.45	11.50	12.08	12.10
12.20	12.25	12.35	12.44
13.10	13.15	13.25	13.32
16.20	16.25	16.35	16.45
17.20	17.25	17.35	17.45

Train à vapeur

Some English friends you have made whilst staying in Nice have picked up this brochure in the tourist information office. They want to go from Nice to Annot and back by train on 10 August but are having difficulty working out how and when they can do this, and what they might see if they do. Since you can speak and read French, they ask for your help.

They are a family of two adults and three children, and they want to be sure of places for all of them on the train.
So that there is no mistake, you write down for them in English:
– what they need to do
– what they need and want to know.

CHEMINS DE FER DE LA PROVENCE

TRAIN A VAPEUR

DATES DE CIRCULATION 1986

NICE - PUGET-THÉNIERS - ANNOT

Dimanche	11 MAI	Dimanche	20 JUILLET
	1er JUIN		27 JUILLET
	8 JUIN		10 AOÛT
	22 JUIN		24 AOÛT
	13 JUILLET		7 SEPTEMBRE
Lundi	14 JUILLET		21 SEPTEMBRE
			5 OCTOBRE
			19 OCTOBRE

Une excursion inoubliable

DE PUGET-THENIERS A ANNOT...

■ PUGET-THENIERS : Point de départ habituel du train touristique, c'est une agréable petite cité, autrefois sous-préfecture des Alpes-Maritimes, placée au confluent du Var et de la Roudoule. Son église renferme de nombreuses œuvres d'art et notamment d'intéressants groupes sculptés du XVe siècle.

■ ANNOT : De belles forêts de chataîgniers et de curieux rochers de grès précèdent l'arrivée à **Annot** (altitude : **700 mètres**), qui est le terme de notre voyage. La partie ancienne du village, avec ses maisons aux hautes façades et ses ruelles tortueuses et escarpées, constitue un agréable but de promenade, de même que le beau cours provençal situé à l'entrée du bourg.

LE G.È.C.P.

La mise en service de ce **train à vapeur** est l'œuvre d'une association sans but lucratif, le **Groupe d'Etude pour les Chemins de Fer de Provence** (G.E.C.P.), créé en 1975, qui s'est donné pour tâche la défense de la ligne **Nice-Digne**.

Remis en état de marche, conduit et entretenu. d'une manière entièrement bénévole par les membres du G.E.C.P., ce train fait partie d'un programme de mise en valeur de ce réseau à voie métrique, de 150 km, service public incontestable, et d'animation du haut-pays.

Ces actions ont-elles votre sympathie ? Oui ! Alors faitesnous l'amitié de nous soutenir en **adhérant au G.E.C.P.** Les renseignements vous seront donnés par notre secrétariat :
Villa Camille - 23, Avenue Bellevue - 06100 Nice.

Au secours

le bourg	– the town
en état de marche	– in working order
d'une manière entièrement bénévole	– entirely voluntarily

TRAINS
NICE-PUGET-ANNOT → ←

PROGRAMME

Pour les sorties régulières à Annot.

Chaque voyage comprend :
• l'acheminement de NICE (Gare du Sud, 33, Avenue Malausséna) à PUGET-THENIERS par train spécial diesel ;
• puis le parcours PUGET-THENIERS-ANNOT par *TRAIN A VAPEUR* ;
• retour dans les mêmes conditions.
• Un intervalle de plus de 3 heures est ménagé à ANNOT pour le déjeuner, qui est laissé à l'initiative des voyageurs (plusieurs restaurants et une aire de pique-nique ombragée à proximité de la gare).

HORAIRES

ALLER

| Départ **Nice Gare du Sud** | 8 h 35 | ● Parking assuré |
| Arrivée **Puget-Théniers** | 10 h 15 | gare du Sud |

| Départ **Puget-Th.** | 10 h 35 | |
| Arrivée **Annot** | 11 h 55 | |

RETOUR   TRAIN A VAPEUR

| Départ **Annot** | 15 h 30 | |
| Arrivée **Puget-Théniers** | 16 h 30 | |

| Départ **Puget-Théniers** | 16 h 50 | |
| Arrivée **Nice** | 18 h 50 | |

Voir dates de circulation au dos.

TARIFS

Au départ de NICE :	Adultes :	. . . . . . F 115
	Groupes :	. . . . . . F 100
	Enfants :	. . . . . . F 84

Au départ de Puget-Théniers :	Adultes :	. . . . . . F 84
Dans la mesure des places	Groupes :	. . . . . . F 63
disponibles	Enfants :	. . . . . . F 63

Les réservations ne sont confirmées que par l'achat des billets.

RENSEIGNEMENTS - RESERVATIONS
Chemins de Fer de la Provence, Gare du Sud
33, Avenue Malausséna, 06000 NICE - Tél. 93.88.28.56

GROUPES
Le "TRAIN TOURISTIQUE A VAPEUR" peut être mis en circulation pour des groupes d'au moins **150 personnes** (groupements, associations, mariages...).

INFORMATIONS
Direction des Chemins de Fer de la Provence
52, Rue Dabray, 06000 NICE - Tél. 93.88.34.72

Holidays

La Guadeloupe

Your sister is working for a year as an English assistant on the island of Guadeloupe in the Antilles. In her first letter home, she sends you a few advertisements which she has picked up in the information office, so that you can form an idea of what the island has to offer the visitor.

1. How might a visitor find his/her way round the island? Give details.
2. What are some of the attractions of the island for the visitor? Give as many details as possible.
3. Using information gleaned from the advertisements, what conclusions could you draw about the weather/climate of Guadeloupe? What evidence have you used to point you to these conclusions?

CASINO DE GOSIER LES BAINS

Black-Jack
Roulette américaine
Chemin de fer et Night Club

Le Casino est ouvert tous les soirs
de 21 h à l'aube - sauf le Dimanche

Pointe de la Verdure - GOSIER
Guadeloupe - Tél. : 84.18.33 - 84.18.36

L'accès des salles de jeux est interdit aux moins de 21 ans même émancipés. Une pièce d'identié est obligatoire.

Découvrez la Guadeloupe et les Iles avec

Georges Marie-Gabrielle VOYAGES

Accueil - Transfert
Excursions Terre - Air - Mer
pour groupes et individuels

RESERVATIONS
21, rue A. Isaac Pointe-à-Pitre
Tél. 82.05.38 - Télex : 919812
et Aéroport Le Raizet :
Tél. 82.33.29

Représentants dans tous les hôtels

Autocars de luxe climatisés et Voitures privées avec chauffeur pour vos transferts et excursions

LES GRANDS RHUMS
CHARLES SIMONET

EN VENTE DANS LES BOUTIQUES
ET LES BARS DE L'AEROPORT
VISITE DE LA DISTILLERIE ET DE LA SUCRERIE

DEGUSTATION GRATUITE

GROSSE MONTAGNE - LAMENTIN GUADELOUPE
Tél. : 85.93.67

JUMBO CAR
LOCATION DE VOITURES
DÉCOUVREZ LA GUADELOUPE
À CIEL OUVERT!
Tarifs très compétitifs
Véhicules sobres et récents

RESERVATIONS LIVRAISONS
MARINA 83.46.32 AEROPORT 83.60.74 TELEX 919279

Antilles Délices

Liqueurs - rhumerie confiserie
Champagne - articles cadeaux
(Expédition dans toute la France)

45, rue Achille René Boisneuf
et 9, rue Henri IV
Pointe-à-Pitre (Gpe)

Tél. : 82.98.24

61

On téléphone en France

You are staying in France and you need to phone your parents who live in Sheffield. You are consulting the phone book.

Reading the instructions:
1. Explain how you are going to proceed by writing some brief notes in English to make things clear in your mind.
2. List the numbers you are going to dial before your home number which is 702707. The code for Sheffield is 0742.
3. Describe what you have to be particularly careful about. (This is explained under the heading *Attention*.)

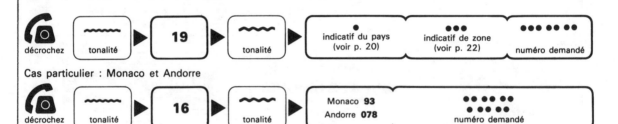

international

comment obtenir votre correspondant

 **automatique** Étranger (sauf Monaco et Andorre)

décrochez — tonalité — **19** — tonalité — indicatif du pays (voir p. 20) — indicatif de zone (voir p. 22) — numéro demandé

Cas particulier : Monaco et Andorre

décrochez — tonalité — **16** — tonalité — Monaco **93** / Andorre **078** — numéro demandé

attention

● Si votre correspondant à l'étranger vous a indiqué son numéro d'appel précédé d'un 0, ne composez pas ce 0, exclusivement valable pour les communications entre les abonnés du pays concerné.

Exemple : pour obtenir l'abonné (01) 603 6261 à Londres (Royaume-Uni), composez 19 puis 44 1 603 6261.

● Après avoir composé le numéro d'appel de votre correspondant, vous ne percevez plus aucune tonalité. Ne raccrochez surtout pas. Ce n'est qu'après un délai de quelques secondes que vous percevrez un signal de sonnerie ou d'occupation.

Au secours

l'abonné – subscriber

Dinard: jeunesse

You receive this letter and brochure from Yannick, your French pen friend, with whom you are going to stay very soon. Your parents are keen to know whether his letter alters any of the arrangements already made. And your sister, who is mad on sport – especially water sports – wants to know about the brochure.

What are you able to tell them?

Dinard, le 25 juin

J'attends avec impatience ton arrivée à Dinard le 10 juillet! Tu sais, on va bien s'amuser! à Dinard, il y a un tas de choses à faire. Je t'envoie une publicité sur les activités pour les jeunes à Dinard pendant l'été. Il y a pas mal de choses, tu penses pas? Moi, je suis très sportif, comme tu le sais déjà! Je veux m'inscrire aux sports collectifs. Et toi?
Vivement le 10...
Amitiés
Yannick

DINARD * JEUNESSE

CENTRE DE LOISIRS DE LA VILLE DE DINARD

animé par des Moniteurs de la Police Nationale et des Moniteurs de Jeunesse et Sports du C. E. I. et des Moniteurs de la ville de Dinard

Jeunes de 14 à 18 ans, le C. L. J. vous propose :

ACTIVITÉS GRATUITES

ECOLE DE VOILE * PLANCHE À VOILE
(STAGE D'UNE SEMAINE)

Organisation de Sports Collectifs

Volley-Ball - Hand-Ball - Foot-Ball - Ping-Pong - Natation

EXCURSIONS - SOIRÉES DANSANTES

Organisation de JEUX DE PLAGE, coupes, etc..., avec distribution de prix

Initiation au JUDO - Self-Défense   *   Tir à l'Arc et à la Carabine

Droits d'inscription pour la saison 34 F. - C. L. J. Plage du Port-Blanc, DINARD - Tél. 46-29-65
le mois 35 Sof. GUTENBERG - DINARD

63

Voyages en famille

French Railways (*SNCF*) offer a number of special services, one of which is called *Les Trains Familles*. Some friends intend to use the service and have asked you to let them know what sort of facilities will be available to them. They have three children aged seven, five and ten months.

They want to know what services are available, whether they need to prepare their own packed lunches, what their children will be able to do during the journey and whether, in view of the baby's sleeping habits, they will be able to get a compartment to themselves. Give them as many relevant details as you can.

LES TRAINS DE JOUR

LES TRAINS FAMILLES. ON NE VOIT PAS LE TEMPS PASSER.

Sur la plupart de ses lignes de l'Ouest et du Sud-Ouest, la SNCF vous propose des trains spécialement conçus pour voyager en famille.

Pour les petits et leur maman, un coin nurserie, équipé d'une table à langer et d'une prise pour chauffe-biberon.
Les services de restauration (Gril-Express-Bar Corail) des trains Familles sont également à votre disposition pour faire chauffer vos biberons ou petits-pots.

Pour les plus grands, la voiture Espace-jeux. C'est un véritable terrain de jeux sur rail. Les enfants y trouvent la journée trop courte... A chaque extrêmité de l'espace-jeux, des sièges parents pour ne pas laisser seuls leurs chers petits. Au centre, des jeux d'éveil, un tunnel, des puzzles, une cage à poule, un filet de singe et des chevaux à ressort.

Le coin nurserie et l'espace-jeux sont gratuits.

Pour voyager en toute intimité : le compartiment famille. C'est la possibilité de bénéficier de l'occupation exclusive d'un compartiment pour les groupes de 4 voyageurs payants (que ces personnes aient ou non un lien de parenté entre elles). Le groupe doit comprendre au moins un enfant de moins de 12 ans ; un enfant de moins de 4 ans muni d'un billet bambin (voir chapitre « Prix ») compte pour un voyageur.
Cette offre est proposée dans les Trains Famille de jour, en 1re comme en 2e classe. Le prix de la réservation du compartiment Famille est de 96 F*

Si vous souhaitez que votre enfant de moins de 4 ans dispose d'une place assise distincte, vous pouvez utiliser le billet bambins (voir chapitre « Prix »).

Pour les repas, un menu spécial enfant. Outre les formules habituelles de restauration (repas à la place en 1re classe, plateau repas, sandwiches, service brasserie, etc.), vous trouverez dans les trains Familles un menu économique spécial enfant.

* Prix au 18.04.1986

Une région

Your parents and your younger brother are going to France to do a *Tour de France gastronomique*. They are particularly interested in dishes from the south of France. They have been sent some information from the *Syndicat d'Initiative* and need some help from you to understand it.

From this information, what can you tell your parents about the cuisine from this region? Draw up a list of the main dishes and give a brief explanation in English of what they consist of.

LES RICHESSES DE NOTRE DÉPARTEMENT

LE TOURISME... LA FÊTE... ET LA GASTRONOMIE

Notre Département est riche de contrastes, avec tous les dons du ciel qui favorisent un séjour agréable. La gastronomie héraultaise réalisée par des chefs et traiteurs de chez nous est faite d'ingéniosité, ou souci de la saine tradition acceptant du modernisme ce qui améliore mais rejetant ce qui standardise et limite la qualité, leur talent et leur conscience professionnelle se donnant libre cours.

Un des excellents «amusements» de notre cuisine qui ne figure pas dans les menus diplomatiques, est constitué par les escargots. On pourrait dire que chaque canton les prépare à sa façon : escargots à la Lodévoise, à la Montpelliéraine (li cagaraulo) servis sur un lits d'épinards, noix pilées, filets d'anchois et bien entendu, gousses d'aïl.
Escargots à l'aïoli, à la sauce aux noix... j'en passe, et je n'ose dire les meilleures car elles sont toutes savoureuses.
Connaissez-vous les petits pâtés de Pézenas ? Je suis certain que oui - mais ce que vous ignorez c'est que le pâtissier Roucairol en tenait la recette du cuisinier de Lord Clives, gouverneur des Indes, alors en séjour à Pézenas. Leur origine est écossaise, le mélange de sucre de canne, de citron rapé, de viande et de graisse de mouton permet de les servir en hors d'œuvre ou au dessert.

Croyez bien que je ne vous ai pas tout dit... Pour terminer, avant d'atteindre la mer ; faisons excale sur les bords de l'Etang de Thau où nous allons déguster les moules et les huîtres de Bouzigues, qui en valent bien d'autres, plus renommées. Nous donnerons le bonjour à la Daurade à la Sétoise à la bouillabaisse, évidemment ; à la bourride de poulpes et sèches, (vous trouverez la recette page 22, donnée par Monsieur MARQUES, Vice-Président National), aux rougets grillés, de même qu'à Palavas les Flots nous dégusterons ces délicieuses tripes de thon face à la Méditerranée.

Je m'arrête hélas à mi-chemin de cette énumération qui quoique incomplète m'a donné une faim de loup, et si vous le permettez, je vais «casser la croûte» avec un bonne tranche de «flauzonnes» (gâteau au fromage de brebis de Lodève) arrosé d'un excellent Picpoul ou d'une fameuse clairette.

Y. NAQUET

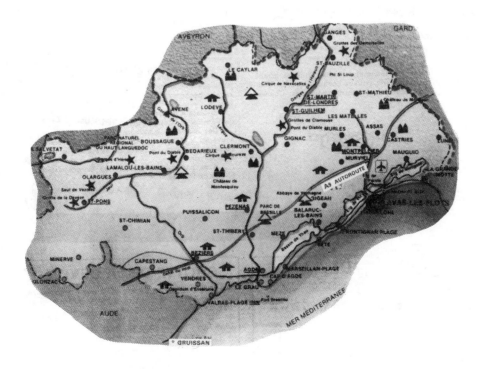

Quelques jours dans le Lot

Read the three letters labelled A, B and C. Can you decide to whom they are being sent, by choosing the most appropriate beginning and ending to each letter from amongst these?

Ma très chère Corinne . . .   *. . . cordialement, Max.*
. . . À la semaine prochaine.   *. . . Je t'appartiens.*
Chers Monsieur et Madame Harper . . .   *Salut, mon vieux . . .*

dimanche 13 juillet

Seulement deux jours qu'on s'est dit au revoir à Paris. Tu me manques! Hier on a été à Rocamadour. C'était beau mais tu n'y étais pas. Aujourd'hui c'est le tour de nos cousins à Montcuq et demain c'est Puy-l'Évêque. Est-ce que le temps traîne pour toi aussi? Je t'embrasse.

A

jeudi 17 juillet

Je vous envoie ce petit mot pour vous dire merci de votre hospitalité lors de ma visite en Angleterre à la Pentecôte. Je suis actuellement en vacances ici dans le Lot. C'est une région très intéressante avec beaucoup de choses à voir. Hier, par exemple, nous sommes allés à Padirac où nous avons vu une grotte superbe. Aujourd'hui, heureusement car tout le monde est très fatigué, nous restons à Cahors faire les valises pour notre départ demain.

Merci encore une fois et rappelez-moi, s'il vous plaît, au bon souvenir du fils de vos voisins.

B

mardi 15 juillet

Je m'ennuie à mourir ici. Mes parents m'entraînent partout. Hier on a fait presque tous les châteaux entre Cahors et Puy-l'-Évêque. Aujourd'hui pareil, mais cette fois vers Figeac. Passionnant, non? C'est la dernière fois que je me laisse persuader. L'année prochaine je reste à Paris.

C

66

Have a look at the tourist map together with these letters, and make notes in English about the holiday that the writer of these letters is having. Include details of days, dates and activities.

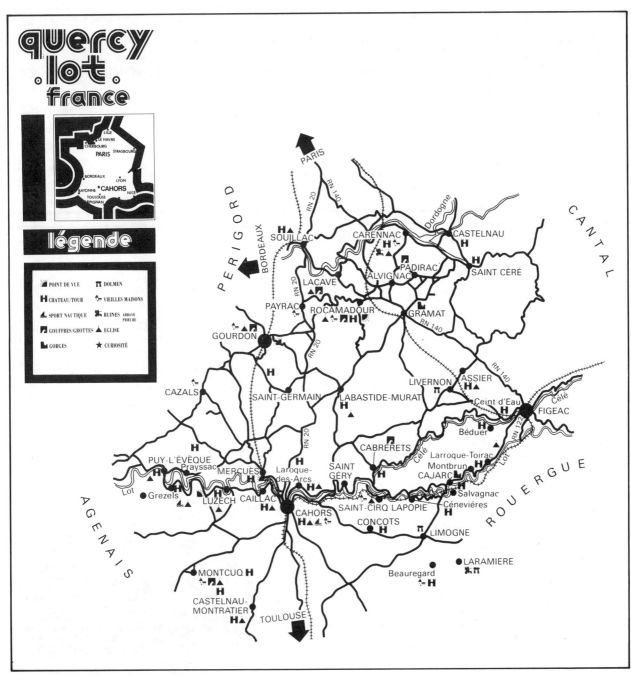

Holidays

renseignements

Pour mieux vous informer sur le LOT, divers dépliants sont à votre disposition au:
COMITÉ DÉPARTEMENTAL DU TOURISME
Chambre de Commerce - 46000 CAHORS Tél.: 65.35.07.09

- Brochure de renseignements pratiques
- Guide des hôtels-restaurants
- Annuaire des gîtes ruraux
- Guide des terrains de camping
- Liste des campings à la ferme
- Dépliant des sentiers de grande randonnée
- Liste des gîtes d'étape
- Dépliant tourisme équestre
- Brochure cyclotourisme
- Dépliant canoë-kayak
- Brochure concerts et festivals de musique
- Dépliant préhistoire
- Dépliant sur la pêche à la ligne
- Liste des stages artisanaux
- Brochure Loisirs-Accueil dans le Lot

Signalons également les nombreuses éditions locales disponibles auprès des Syndicats d'Initiative du département.

Liste des Syndicats d'Initiative :

- Assier	- Cazals	- Livernon	- Rocamadour
- Bretenoux	- Cressensac	- Luzech	- Saint-Céré
- Cabrerets	- Duravel	- Marcilhac s/Célé	- Saint-Cirq-Lapopie
- Cahors	- Figeac	- Martel	- Salviac
- Cajarc	- Gourdon	- Montcuq	- Souillac
- Capdenac-le-Haut	- Gramat Padirac-	- Payrac	- Sousceyrac
- Carennac	Alvignac	- Prayssac	- Vayrac
- Castelnau-Montratier	- Lacapelle Marival	- Puy-L'Évêque	
- Catus	- Latronquière	- Les Quatre-Routes	

67

Où est-ce qu'on va loger?

You have come back from a holiday in Britany with a tourist guide to the region which contains details about accommodation. A number of people ask you to advise them about what arrangements you think would suit them best. What would you suggest for the following people?

1. A couple with a caravan, wanting something relatively cheap, quiet and sociable with the possibility of making contact with the French and the French way of life.
2. A couple with three young children, wanting to be independent and flexible, to cater for themselves and not to be too tied to any previously made arrangements.
3. A couple without any children who want to tour and to be free to stay or move on according to the weather and their surroundings.

Once you have helped these people make their choice, give them as much extra information as you can. Bear the following questions in mind:
— how can they obtain further information?
— what about the availability of the accommodation?
— what kind of facilities are likely to be available in each case?

L'HOTELLERIE RURALE

On regroupe sous cette appellation les "Logis de France" ainsi que les "auberges rurales". Il s'agit là d'établissements hôteliers, à caractère familial, et disposant tous d'un restaurant où est servie une cuisine simple agrémentée de spécialités régionales.

L'équipement des Logis de France correspond au minimum aux normes exigées pour le classement "de tourisme" en catégorie "une étoile".

Les auberges Rurales dont les caractéristiques ne permettent pas d'accéder au classement de "tourisme" offrent un confort simple, mais correct, et leur Charte, semblable dans ses grandes lignes à celle des Logis de France, leur impose des prix inférieurs à ceux pratiqués par les Hôtels de tourisme de la région considérée.

Les Côtes-du-Nord disposent présentement d'une Auberge Rurale à PLEUDIHEN-SUR-RANCE, ainsi que de Logis de France en milieu rural à GOUAREC, JUGON-LES-LACS, LOUDEAC, PEDERNEC, PLOUER-SUR-RANCE, LA ROCHE-DERRIEN, SAINT-GILLES-VIEUX-MARCHE, SAINT-LAUNEUC et BELLE-ISLE-EN-TERRE.

Il existe en outre, des Logis de France dans la majorité des stations littorales ainsi que dans les principales villes du département.

LES CHAMBRES D'HOTE

Qu'est-ce qu'une "chambre d'hôte" ? Très répandue dans les pays anglo-saxons et de plus en plus recherchée par les touristes français, cette formule se développe rapidement dans les Côtes-du-Nord.

Il s'agit d'une chambre aménagée et équipée, chez un particulier, en vue d'accueillir des touristes de passage et de leur offrir la "nuitée", c'est-à-dire le coucher et le petit déjeuner.

Normalement située à l'écart des grandes voies de passage et dans un cadre touristique reposant, la chambre d'hôte est équipée conformément à des dispositions réglementaires garantissant confort et agréabilité.

Lorsqu'il n'y a pas d'auberge ou de restaurant à proximité, les chambres d'hôte sont souvent complétées de la formule "table d'hôte" qui offre la possibilité de consommer des plats cuisinés par les exploitants.

Il existe 150 chambres d'hôtes dans les Côtes-du-Nord. Renseignements : Relais des Gîtes Ruraux et O.T.-S.I.

LE CAMPING A LA FERME

Depuis quelques années, le succès du camping-caravaning conduit à diversifier et à officialiser les formules d'hébergement léger adaptées tant aux besoins du public qu'aux impératifs du milieu d'accueil.

C'est ainsi que le "camping à la ferme" est né du souci de permettre à des familles de séjourner sur des exploitations agricoles en bénéficiant de dispositions réglementaires précises en ce qui concerne la densité de fréquentation (6 installations au maximum par exploitation, - ou 20 personnes - avec un minimum de 150 m2 pour chaque installation) et les équipements (bloc sanitaire complet, abri couvert, branchement électrique pour caravane).

Le camping à la ferme est une formule de vacances bon marché permettant de vivre en pleine nature et en toute tranquilité. C'est aussi l'espace, l'hospitalité rurale et la vie de la ferme... Il favorise l'établissement de rapports, généralement très fructueux, entre citadins et agriculteurs.

Dans notre département, il existe actuellement huit terrains homologués sur les communes de COATASCORN, ERQUY, PAIMPOL, PLEBOULLE, PLOUGUENAST, QUINTIN, PLOURHAN, YFFINIAC.

L'AIRE NATURELLE DE CAMPING

Autre formule de camping adaptée au milieu rural, "l'Aire Naturelle de Camping" est un terrain disposant d'un équipement sanitaire léger et pouvant accueillir au maximum 25 installations, soit environ 100 campeurs sur une surface minimum d'un hectare. Depuis le lancement de cette formule en 1976, 21 Aires Naturelles de Camping ont été créées dans les Côtes-du-Nord, et une vingtaine sont actuellement en service.

Tous renseignements dans le guide départemental du camping, disponible dans les O.T.-S.I.

LES GITES RURAUX

Qu'est-ce qu'un gîte rural ?
Le gîte rural est un logement de Vacances et de Loisirs situé en commune rurale créé et aménagé le plus souvent dans des bâtiments désaffectés ou trop vastes..; il est généralement localisé près d'une ferme ou d'un village.

Une demeure simple et confortable
D'un confort simple mais agréable, le gîte rural est loué meublé. Il comprend obligatoirement un poste d'eau courante sur évier, un w.c. intérieur et une salle d'eau avec douche et lavabo.

La sécurité de la location
Aménagé dans le respect de la "Charte des Gîtes de France", le Gîte rural est contrôlé et classé en fonction de son degré de confort et de la qualité de son environnement... Il est loué à la semaine pour un prix ferme incluant eau, gaz et électricité.

Un autre rythme de vie
Le gîte rural c'est l'indépendance dans une demeure où l'on se sent chez soi... Mais c'est aussi la garantie du meilleur accueil par des hôtes qui savent faire découvrir une autre façon de vivre.

Une réponse à des goûts et des besoins variés
Depuis sa création, la formule des gîtes ruraux s'est diversifiée. Outre le gîte rural "privé" classique, elle recouvre les "gîtes ruraux communaux", les "gîtes de caractère", les "gîtes de pêche" ou de "chasse", les "gîtes équestres"...

Il existe dans les Côtes-du-Nord plus de 800 gîtes ruraux qui figurent dans un annuaire publié par le Relais Départemental des Gîtes Ruraux.

VILLAGES DE VACANCES

Savez-vous qu'il existe 5 villages de Gîtes de Vacances dans les Côtes-du-Nord ?
GUITTE/ROPHEMEL, MERDRIGNAC, MUR-DE-BRETAGNE/ GUERLEDAN, PLESTIN-LES-GREVES-KERALLIC, SAINT-CAST LE-GUILDO.
Centres d'hébergement destinés à assurer des séjours de vacances, ils offrent pour un prix forfaitaire la pension complète et l'usage de nombreux services collectifs ainsi que d'équipements sportifs et de loisirs.
Dans les villages de gîtes familiaux, les usagers conservent la faculté de préparer leurs repas (kitchenette dans chaque logement).

Pour tous renseignements et informations concernant les Gîtes Ruraux, les Chambres d'Hôtes et le camping à la ferme, s'adresser au
RELAIS DEPARTEMENTAL DES GITES RURAUX DES C.-du-N.
5, rue Baratoux - 22000 SAINT-BRIEUC
Tél. (96) 61.82.79
Les Logis de France et Auberges Rurales, au
SYNDICAT DEPARTEMENTAL DE L'INDUSTRIE HOTELIERE
5, rue Baratoux - 22000 SAINT-BRIEUC - Tél. (96) 33.80.01
et dans tous les cas au
COMITE DEPARTEMENTAL DU TOURISME DES C.-du-N.
1, rue Chateaubriand - 22000 SAINT-BRIEUC
Tél. (96) 61.66.70
et dans tous les OFFICES DE TOURISME et SYNDICATS D'INITIATIVE du département.

Le Mexique

Latin America has been publicised quite a bit with the release of films such as *The Mission* and *The Mosquito Coast*. You are interested, therefore, in this advertisement from the Mexican tourist office who is trying to encourage more visitors to their country.

1. Which people in particular is this advertisement aimed at, and why?
2. Let us suppose that what they say in their advertisement is an accurate description of what Mexico has to offer. Who do you think would enjoy a visit to Mexico? Give your reasons.

Au secours

une station balnéaire – a seaside resort

Vous avez déjà traversé l'Atlantique et souhaiteriez vous amuser, vous détendre. Le Mexique est ici. A quelques heures d'avion, c'est un autre monde.

Avec un passé romantique exaltant qui remonte à plus de 3.000 ans, et vit toujours dans 11.000 sites archéologiques.

Son présent aussi est spectaculaire, avec ses stations balnéaires ultra-modernes, ses plages vierges inondées de soleil, l'entrain de sa musique Mariachi, et l'accueil chaleureux de sa population souriante.

Pour plus de renseignements, consultez votre agence de voyages ou remplissez, dès maintenant, ce coupon-réponse.

APPRECIEZ LA CORDIALITÉ DU MEXIQUE.

à renvoyer à: OFFICE DU TOURISME DU MEXIQUE 34, avenue George V, 75008 PARIS. Tel: 47/20/69/15.
Veuillez m'adresser de plus amples informations

NOM _____

ADRESSE _____

_____

CODE POSTAL | | | | | | BUREAU DISTRIB   M4

Gap 743m: 300 jours de soleil

743 m

300 jours
de soleil

Gap, plaque tournante du tourisme haut-alpin blottie à 735 m d'altitude dans un écrin de montagnes altières, jouit d'un climat méditérranéen tempéré par l'altitude. L'ensoleillement atteint 300 jours par an, le brouillard y est inconnu. Trait d'union entre Dauphiné et Provence, Gap peut revendiquer la plus grande luminosité de France. Le Col Bayard offre à 7 kms de la ville, de vastes champs de neige. Dans un rayon de 40 kms, tout un éventail de moyennes et grandes stations dont Gap-Ceüse 2000 pour un proche avenir et celles de la Vallée du Champsaur (Laye, Ancelle, St Léger les Mélèzes, St Michel de Chailloi, Orcières Merlette)

OFFICE DU TOURISME
5, rue Carnot
B.P. 41
05002 GAP Cédex
Tél 92 51 57 03

NOUVEAUTÉS 85/86

Une piste de fond éclairée au Centre d'Oxygénation

SERVICES

Ecole de ski Nordique du Centre d'Oxygénation
Tél 92 52 38 14
Bureau des Guides - Tél 92 51 62 64
ou 92 51 50 45
C.A.F. - Tél 92 51 55 14 (après 17 h 30)
Promenades en raquettes
Equitation d'hiver
Banques : Crédit Agricole, Banque populaire BNP, SMC,
Crédit Lyonnais, Société générale, Caisse d'Epargne
Bibliothèque
Discothèque
Tous services médicaux
Tous commerces

SITUATION ET ACCÈS

Par la route :
à 100 km de GRENOBLE
à 180 km de MARSEILLE
à 200 km de LYON
à 660 km de PARIS
Gare SNCF - Tél 92 51 50 50 (liaison directe avec Paris,
Lille, Strasbourg, Nantes)
Gare routière - Tél 92 51 06 05

ACCUEIL

20 hôtels de tourisme (★, ★ ★, ★ ★ ★, ou NC)
Caravaneige : Alpes Dauphiné - Tél 92 51 29 95
Locations : voir brochure de l'Office du Tourisme
Centre d'oxygénation - Tél 92 52 38 14

Site nordique de Gap Bayard : 50 km de pistes
Centre d'oxygénation - Tél 92 52 38 14
Piscine chauffée
Patinoire olympique
Squash
Salles aérobic et musculation
Stations alpines de Laye (8 remontées mécaniques) à
10 km, de Ceüse (remontées mécaniques) à 20 km

ANIMATION

Matches de Hockey - Nationale A
Rallye de Montécarlo (Janvier)

GAP, L'ÉTÉ

350 km de sentiers balisés
Alpinisme   Equitation
20 courts de Tennis   Escalade
Piscine   Vol à voile
Canoë - Kayack   ULM

19

You are leafing through a winter holiday brochure looking for a suitable place to go on a winter skiing holiday.

The writers of the brochure have found a good deal to say about the resort of Gap. What kind of climate could you expect in Gap during the winter months? If the weather is good for skiing, what facilities does the resort offer? And if the weather ruled out skiing, what else would there be for you to do? Does Gap have anything to offer tourists in the summer months?

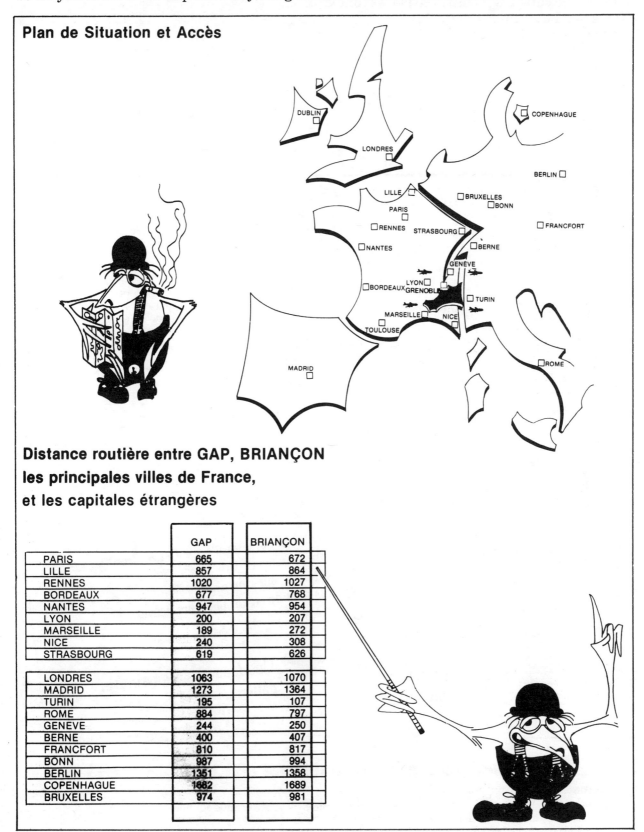

Plan de Situation et Accès

Distance routière entre GAP, BRIANÇON
les principales villes de France,
et les capitales étrangères

	GAP	BRIANÇON
PARIS	665	672
LILLE	857	864
RENNES	1020	1027
BORDEAUX	677	768
NANTES	947	954
LYON	200	207
MARSEILLE	189	272
NICE	240	308
STRASBOURG	619	626
LONDRES	1063	1070
MADRID	1273	1364
TURIN	195	107
ROME	884	797
GENEVE	244	250
BERNE	400	407
FRANCFORT	810	817
BONN	987	994
BERLIN	1351	1358
COPENHAGUE	1682	1689
BRUXELLES	974	981

Au secours

ULM – micro-light aircraft   *escalade* – climbing

71

Des climats tropicaux

Here are extracts from three different guide books – for Guadeloupe, Martinique and French Guyana. All three countries experience climates which differ greatly from the climate in France.

How do the climates of the three places compare?
You should take into account
– temperature
– rainfall
– wet/dry/hot seasons
– winds.
You may find it easiest to draw up a grid in which to note down the information you find under these different headings.

Bonjour Guadeloupe !

Notre Climat   Nos Saisons

Climat tropical - rafraîchi toute l'année par les vents alizés.

La saison sèche ou « carême », de janvier à avril, s'oppose à l'« hivernage » de juillet à novembre, plus arrosé et humide.

La température, la pluviosité et l'humidité sont fonction de l'altitude et de la situation géographique.

En saison sèche, les pluies sont le plus souvent des « grains » qui ne durent que quelques minutes et passent rapidement.

Cependant, des perturbations atmosphériques propres à la zone Caraïbe, peuvent survenir occasionnellement et provoquer des pluies persistantes durant 1 à 2 jours.

La température moyenne : 22 à 30° C sur les côtes et 19 à 27° C à l'intérieur.

Le jour se lève tôt sous les tropiques entre 5 h 00 et 6 h 00, il se couche également vers 18 h 00 - 19 h 00, le crépuscule est très court et la nuit tombe rapidement.

Guyane

L'amazonie française

A 7 000 km de la métropole, entre le Surinam à l'ouest et le Brésil au sud et à l'est, la Guyane est un département français. Une bande côtière de 15 à 40 km sur l'Atlantique, une forêt équatoriale qui couvrirait le Sud-Ouest de la France, autour du massif central guyanais d'où divergent plusieurs fleuves.

L'influence de l'équateur

Le climat est chaud et humide pendant toute l'année (34/35°), quoique tempéré par les alizés sur la côte. Forte pluviométrie au printemps et une saison sèche d'août à décembre (230 h par mois d'ensoleillement).

Vert en toute saisons

La flore est riche : mangrove côtière, marais, savanes, forêt équatoriale aux multiples essences qui cache de véritables sculptures naturelles, entrelacs d'arbres et de lianes à la recherche de la lumière.

Une faune à découvrir avec patience

Singes, tapirs, jaguards, paresseux, fourmiliers, biches, mais aussi tortues et caïmans des régions marécageuses. La plage des Hattes est le lieu de nidification des tortues marines. Oiseaux, papillons et multiples insectes.

Martinique, perle des Antilles...

Climat

Le climat est relativement doux à la Martinique. La température moyenne se situe aux environs de 26ºC ; mais sur les hauteurs, notamment dans le Nord, il fait très frais (17º). Deux brises régulières et alternées (Est et Nord-Est) rafraîchissent l'atmosphère : ce sont les alizés. On distingue deux saisons : la première, fraîche et sèche (décembre à mai) ; en février : le «Carême», période de grande sécheresse ; la seconde, chaude (juin à novembre) avec une période particulièrement pluvieuse, «l'hivernage», parfois marquée de cyclones ou de «coups de vent».

Météorologie

On Sunday 29 September, you will be travelling up by car from the south of France to the north, in order to catch a ferry and return home to Britain. What weather are you likely to meet on the way? Write notes in English for your fellow travellers, from this weather forecast you read in the paper so they know what weather to expect.

France / services

MÉTÉOROLOGIE

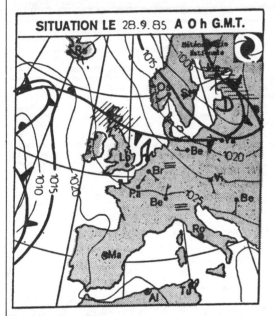

SITUATION LE 28.9.85 A 0 h G.M.T.

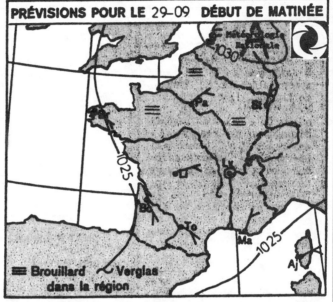

PRÉVISIONS POUR LE 29-09 DÉBUT DE MATINÉE

≡ Brouillard ⌒ Verglas dans la région

Evolution probable du temps en France entre le samedi 28 septembre à 0 heure et le dimanche 29 septembre à 24 heures.

La situation restera anticyclonique. Une faiblesse du champ en altitude permettra toutefois à de l'air instable de remonter un peu sur l'ouest du pays.

Dimanche, la journée sera encore agréable. On retrouvera des brouillards de la Normandie au nord de la Seine, au Nord-Est et au Centre-Est, des brumes en Bretagne, des nuages bas avec quelques brouillards en Languedoc-Roussillon. Ils seront dissipés pour le milieu de matinée en général, un peu plus tard près du golfe du Lion.

D'autre part, le ciel sera nuageux avec des éclaircies le matin sur le Sud-Ouest, l'après-midi des Charentes au sud de la Bretagne, le soleil gardant cependant une place prépondérante.

Ailleurs, la journée sera très ensoleillée.

Les températures évolueront peu, restant supérieures aux normales saisonnières.

Les vents seront toujours faibles à modérés.

Températures (le premier chiffre indique le maximum enregistré dans la journée du 27 septembre, le second, le minimum de la nuit du 27 au 28 septembre) : Ajaccio, 27 et 14 degrés ; Biarritz, 30 et 19 ; Bordeaux, 30 et 12 ; Bréhat, 21 et 16 ; Brest, 28 et 17 ; Cannes, 27 et 16 ; Cherbourg, 21 et 13 ; Clermont-Ferrand, 30 et 13 ; Dijon, 26 et 10 ; Dinard, 25 et 11 ; Embrun, 27 et 12 ; Grenoble-St-M.-H., 28 et 12 ; Grenoble-St-Geoirs, 28 et 13 ; La Rochelle, 32 et 16 ; Lille, 23 et 9 ; Limoges, 29 et 15 ; Lorient, 29 et 16 ; Lyon, 28 et 12 ; Marseille-Marignane, 29 et 16 ; Menton 27 et 20 ; Nancy, 25 et 7 ; Nantes, 31 et 16 ; Nice-Côte d'Azur, 27 et 20 ; Nice-Ville 28 (maxi) ; Paris-Montsouris, 25 et 14 ; Paris-Orly, 26 et 12 ; Pau, 28 et 16 ; Perpignan, 25 et 19 ; Rennes, 29 et 12 ; Rouen, 24 et 12 ; Saint-Etienne, 30 et 11 ; Strasbourg, 24 et 9 ; Toulouse, 31 et 15 ; Tours, 28 et 12.

Températures relevées à l'étranger : Alger, 30 et 19 degrés ; Genève, 24 et 11 ; Lisbonne, 31 et 18 ; Londres, 23 et 9 ; Madrid, 27 et 12 ; Rome, 30 et 15 ; Stockholm, 12 et 6.

(Document établi avec le support technique spécial de la Météorologie nationale.)

Monsieur Météo Mécontent!

Look at the weather map of France and read carefully the detailed forecast. Use the information you obtain to identify the towns or regions from which the following postcards might have been sent. In each case give as many reasons as you can in support of your answers.

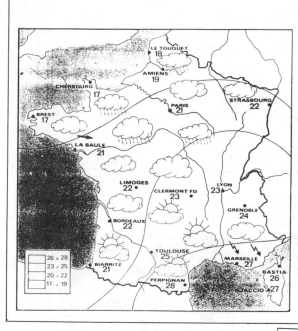

Cherche soleil désespérément

Ça ne devrait pas vraiment s'arranger aujourd'hui : le temps de ce mercredi sera encore tristounet, et cette fois, les régions du Nord ne devraient pas échapper aux pluies, surtout les côtes de la Manche et du Cotentin. Dans le courant de la journée, cette aggravation gagnera la Normandie, puis le bassin parisien.

Sur ce dernier, c'est donc en début d'après-midi que des ondées sporadiques devraient venir mouiller les pavés de la capitale. Dans toute la partie nord du pays, il faut également s'attendre à un renforcement du vent de nord-ouest près des côtes bretonnes et de la Manche. Au sud de la Loire, les premières heures de la journée pourront donner l'illusion qu'une amélioration du temps est en train de se développer. Mais très rapidement, les nuages bas et noirs accompagnés de pluie reprendront le dessus.

A noter que des orages assez violents sont à

redouter au-dessus des reliefs, notamment sur les Alpes, les Pyrénées, attention donc pour tous ceux qui ont prévu des excursions, ou des randonnées en montagne. On retrouvera cette même situation orageuse en fin de journée sur le pourtour du bassin méditerranéen, notamment dans les secteurs de Marseille et de Nice. Si le gris semble prendre le pas sur le bleu dans le ciel français, du côté des températures, cela ne va pas très fort non plus. De nouveau aujourd'hui, elles connaîtront un accès de faiblesse, avec une chute moyenne d'un à deux degrés.

C'est dans le Sud-Ouest que le rafraîchissement sera le plus spectaculaire puisque, par exemple à Bordeaux, il fera aujourd'hui trois degrés de moins que la veille. Cette situation n'est pas exceptionnelle pour un été... Mais une fois encore, ce sont les bons vouloirs de l'anticyclone des Açores, centré en plein océan Atlantique, qui font la pluie et le beau temps... Comme ces hautes pressions se trouvent très à l'ouest de notre pays, elles forment un véritable boulevard à la dépression de la mer de Norvège qui déverse ses nuages et donc ses pluies sur notre pays.

La situation ne devrait pas s'éterniser. En effet, dès samedi, nous devrions constater sur le nord du pays un retour à un temps plus variable. Mais en attendant, les températures continuent de baisser et le retour à une situation antérieure ne se fait pas du jour au lendemain.

Temps atroce! Trop de vent pour faire de la planche à voile, surtout pour un débutant comme moi. La mer est vraiment houleuse.

Demain, nous allons partir vers le sud, direction Bordeaux. Apparemment, il fait plus beau là-bas!

Assez chaud. Mais il paraît que cela va changer. On nous a promis des orages et demain nous avons décidé d'aller en Corse.

Jean LECLERC
17, Rue d'Orléans

NANTES

Venons d'arriver d'Allemagne, comptons passer 2 ou 3 jours ici. Si le temps ne s'améliore pas, nous irons faire un petit tour en Suisse.

On s'amuse bien, malgré un temps peu clément. On nous a déconseillé d'aller nous promener en montagne. Il va y avoir des orages assez violents. On pense aller passer deux ou trois jours en ville. Ce n'est pas trop loin d'où on est et on dit qu'il y a pas mal de choses à voir.

Dominique COISY
219, Place du 11 Novembre

TOURS

Prix cadeaux

1. What is the name of the shop for which the advertisement appears?

2. Which department in particular is being advertised?

3. Where is the department situated in the shop?

4. What might be purchased for:
   – a youngster who is interested in cars?   – a young person who is musical?
   – a child who likes writing stories?

Au secours

un berceau – crib, cradle
une peluche – teddy bear,
          soft toy

AUX TROIS QUARTIERS
17, Bd de la Madeleine, Paris; tél: 42.60.39.30.

★★★★★★★★★★★★★★★★★
PRIX CADEAUX
sur les jouets
★★★★★★★★★★★★★★★★★

AU 1er ETAGE

VOITURE collection 1/18 BURAGO — ~~125 F~~ **99** F

COFFRET "Poupée" 40 cm avec habillage — ~~199 F~~ **149** F

JEU SCOTLAND YARD — ~~180 F~~ **149** F

TURBO magnum JOUSTRA — ~~245 F~~ **159** F

BERCEAU métallique 60 cm — ~~269 F~~ **169** F

peluche BIBIFOC 40 cm — ~~220 F~~ **170** F

MACHINE à écrire "PETITE 990" — ~~450 F~~ **300** F

POUPEE 40 cm, corps souple, ZAPF — ~~410 F~~ **325** F

ORGUE S 4500 BONTEMPI — ~~1200 F~~ **995** F

Qui a fait la vitrine?

In setting out the window display in the toy shop, the assistant has mixed up all the labels. Read these labels and put them in their correct positions.

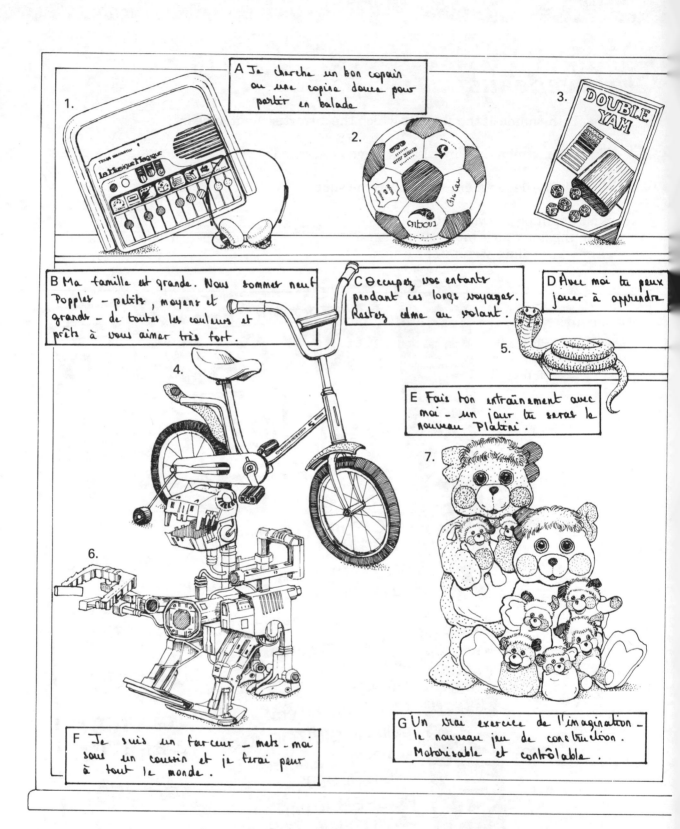

A Je cherche un bon copain ou une copine douce pour partir en balade

B Ma famille est grande. Nous sommes neuf Popples – petits, moyens et grands – de toutes les couleurs et prêts à vous aimer très fort.

C Occupez vos enfants pendant ces longs voyages. Restez calme au volant.

D Avec moi tu peux jouer à apprendre

E Fais ton entraînement avec moi – un jour tu seras le nouveau Platini.

F Je suis un farceur – mets-moi sous un coussin et je ferai peur à tout le monde.

G Un vrai exercice de l'imagination – le nouveau jeu de construction. Motorisable et contrôlable.

Je vais en faire la collection

After eating your way through a packet of biscuits you discover that there is a model to be made up on the inside of each packet. Your younger brother decides to assemble the cut-out picture and asks for your help in understanding the instructions.

What would he need to know?

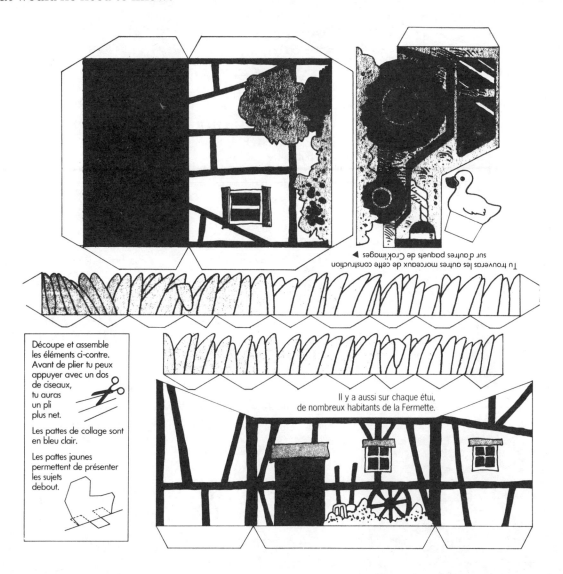

▶ Tu trouveras les autres morceaux de cette construction sur d'autres paquets de Crok'images.

Découpe et assemble les éléments ci-contre. Avant de plier tu peux appuyer avec un dos de ciseaux, tu auras un pli plus net.

Les pattes de collage sont en bleu clair.

Les pattes jaunes permettent de présenter les sujets debout.

Il y a aussi sur chaque étui, de nombreux habitants de la Fermette.

The picture on the packet shows a number of buildings. How many models are there in the collection and how can you be sure that each time you buy a packet of biscuits, you won't end up with the same model each time? Are there any other sets or collections planned or already available?

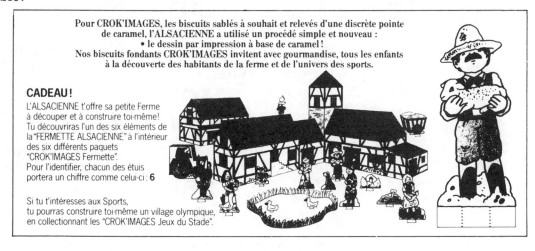

Pour CROK'IMAGES, les biscuits sablés à souhait et relevés d'une discrète pointe de caramel, l'ALSACIENNE a utilisé un procédé simple et nouveau :
• le dessin par impression à base de caramel !
Nos biscuits fondants CROK'IMAGES invitent avec gourmandise, tous les enfants à la découverte des habitants de la ferme et de l'univers des sports.

CADEAU!
L'ALSACIENNE t'offre sa petite Ferme à découper et à construire toi-même! Tu découvriras l'un des six éléments de la "FERMETTE ALSACIENNE" à l'intérieur des six différents paquets "CROK'IMAGES Fermette". Pour l'identifier, chacun des étuis portera un chiffre comme celui-ci : 6

Si tu t'intéresses aux Sports, tu pourras construire toi-même un village olympique, en collectionnant les "CROK'IMAGES Jeux du Stade".

Ce vin, je peux le conserver ou non?

Your parents have brought some wines back from France together with some information about the coding system used to help people enjoy the wine at its best. Explain to them what this system means and what suggestions for serving wine are given.

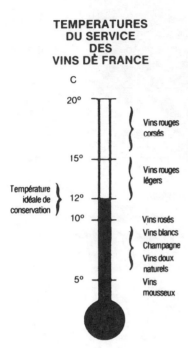

TEMPERATURES DU SERVICE DES VINS DE FRANCE

C

- 20° — Vins rouges corsés
- 15° — Vins rouges légers

Température idéale de conservation

- 12°
- 10° — Vins rosés / Vins blancs / Champagne / Vins doux naturels
- 5° — Vins mousseux

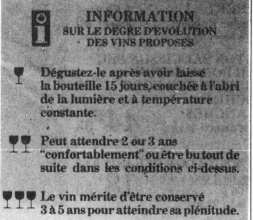

INFORMATION
SUR LE DEGRÉ D'EVOLUTION DES VINS PROPOSES

🍷 Dégustez-le après avoir laissé la bouteille 15 jours, couchée à l'abri de la lumière et à température constante.

🍷🍷 Peut attendre 2 ou 3 ans "confortablement" ou être bu tout de suite dans les conditions ci-dessus.

🍷🍷🍷 Le vin mérite d'être conservé 3 à 5 ans pour atteindre sa plénitude.

VINS DE COTES DU RHONE

🍷 **1. COTES DU RHONE ROUGE A.C. DOMAINE BELLEGRANGE 1985**
mis en bouteille à la propriété
la bouteille de 75 cl* **12F 80**
le carton de 6 bouteilles **70F 80**

🍷🍷 **2. GIGONDAS A.C. DOMAINE DES CARBONNIERES 1985**
mis en bouteile au domaine
la bouteille de 75 cl* **26F 40**
le carton de 6 bouteilles **152F 40**

🍷🍷 **3. CHATEAUNEUF DU PAPE A.C. DOMAINE DE LA GUERINE 1985**
la bouteille de 75 cl **38F 95**
le carton de 6 bouteilles **227F 70**

🍷 **4. TAVEL ROSE A.C. CELLIER DE PRAVEYRAN 1986**
la bouteille de 75 cl* **28F 95**
le carton de 6 bouteilles **167F 70**

VINS DU BEAUJOLAIS

🍷 **1. BEAUJOLAIS VILLAGES A.C. HONORE LAVIGNE 1986 BOUTEILLE SPECIALE**
la bouteille de 75 cl **20F 90**
le carton de 6 bouteilles **119F 40**

🍷 **2. MOULIN A VENT A.C. HONORE LAVIGNE 1985**
la bouteille de 75 cl* **40F 90**
le carton de 6 bouteilles **239F 40**

🍷 **3. JULIENAS A.C. HONORE LAVIGNE 1985**
la bouteille de 75 cl* **35F 10**
le carton de 6 bouteilles **204F 60**

VINS DE BOURGOGNE

🍷🍷 **1. RULLY ROUGE A.C. HONORE LAVIGNE 1983**
la bouteille de 75 cl* **34F 50**
le carton de 6 bouteilles **201F 00**

🍷🍷 **2. BOURGOGNE ROUGE A.C. HONORE LAVIGNE 1983**
la bouteille de 75 cl **24F 50**
le carton de 6 bouteilles **141F 00**

🍷 **3. BOURGOGNE ALIGOTE A.C. HONORE LAVIGNE 1986**
la bouteille de 75 cl* **28F 50**
le carton de 6 bouteilles **165F 00**

🍷🍷 **4. HAUTES COTES DE BEAUNE A.C. MOILLARD 1983 TASTEVINE**
la bouteille de 75 cl* **37F 95**
221F 70

🍷🍷 **5. POMMARD A.C. HONORE LAVIGNE 1984**
la bouteille de 75 cl* **79F 95**
le carton de 6 bouteilles **473F 70**

VINS REGIONAUX

🍷 **1. MINERVOIS CHATEAU MALVES**
la bouteille de 75 cl* **8F 20**
le carton de 6 bouteilles **43F 20**

🍷🍷 **2. BERGERAC ROUGE A.C. CHATEAU LE GARRY 1985**
la bouteille de 75 cl* **10F 80**
le carton de 12 bouteilles **117F 60**

🍷 **3. COTES DU ROUSSILLON VILLAGES A.C. 1983**
la bouteille de 75 cl **14F 30**
le carton de 6 bouteilles **79F 80**

La pêche aux cadeaux

You are looking for ideas for presents to bring home from France for people in your family. You come across this article which seems to have a lot of ideas.

You want to spend between 15F and 20F per person. From these ideas, choose something for:

1. Your little sister who is four years old.
2. Your brother who is seven years old.
3. Your other sister who is ten years old.

Your friends are impressed with what you bought – especially since it was such good value. Give them details (the name and address of the shop) of where you went and an outline of the sorts of goods on sale.

la pêche aux cadeaux

Au rayon papeterie

Des cartes postales, des ciseaux d'enfants sous blister, un pendentif Lucky Luke (10 F) avec petit carnet et crayon, des feutres fantaisie, des crayons de couleur, des gommes et taille-crayons originaux, des albums à colorier (Ed. Hemma.), des adhésifs en relief (6,60 F). Voir aussi les lampions bariolés (3,10 F).

Au rayon jouets

Vous trouverez de petites voitures bon marché, vendues à la pièce. Des jeux de Mikado (7,50 F) et de sept familles dont les prix varient en fonction du thème (Astérix 5,90 F, Tintin 10 F). Un tube à bulles de savon (3,10 F), 5 bâtons de pâte à modeler (2,70 F). Une toupie (5,60 F) ou un yoyo (6,20 F), une balle multicolore qui rebondit haut (2,90 F). Une flûte de pan (8 notes, 10 cm : 7,80 F). Un harmonica (10 trous : 5,50 F). Un tam-tam en plastique (6,50 F). Une trompette « carnaval » (8,70 F). Ou encore des moules à sable (6,30 F le sachet de 6), une pelle, un râteau, un tamis (6,80 F l'ensemble). Un jeu d'anneaux pour exercer l'adresse (4 piquets 15 cm, 4 panneaux : 8,60 F). Un lance-balles en plastique, à ressort (8,50 F). Des balles de ping-pong (7,20 F la boîte de 6). Des dés en plastique (3,10 F le sachet de 3). Et des cartes à jouer (jeu de 32 : 3,90 F ; jeu de 54 : 5,80 F). Sans oublier les ballons de toutes les formes : boa, canard, chenille, etc. (Entre 1 F et 2 F pièce *).

* Le shopping des jouets a été réalisé à l'Amicale-Comptoir des articles de Fêtes, 32, rue des Vignobles, 75020 Paris, qui vend sur catalogue tous articles et accessoires pour mariage, spectacles, goûters, etc. à des prix intéressants. Envoi gratuit au-delà de 400 F. En deçà : + 14 F de frais de port.

Cécile Bastien ■

Combien je vous dois?

Your parents have been to the *Mammouth* hypermarket in Calais on a day trip and have been persuaded to do a bit of shopping for friends. Look at the lists they were given, check the till receipts and work out what each person owes them in pounds sterling. The exchange rate your parents got was 9,20F to the pound.

Linda H

2 pkts vanilla flan

1 kg coffee beans

blue cheese

2 pkts tomato soup

Bottle Rosé wine

Côtes du Rhône wine

(a decent one)

Jagdish

1 case beer

Spaghetti jar

wines –

bottle Muscadet

Côtes du Rhône

(cheapo!)

jar of mustard

2 jars apricot jam

```
HYPERMARCHE MAMMOUTH
    RTE DE BOULOGNE 62100 CALAIS
    VOUS REMERCIE DE VOTRE VISITE
TEL: 21.34.04.44              20/02/87

TOMATE VERMICEL.KN            7.30  2
TOMATE VERMICEL.KN            7.30  2
SOUPE CHIN.POUL.KNO           5.10  2
TOMATE VERMICEL.KN            7.30  2
SAUC CHAUDIN 200             15.71  2
CIGOGNE GRAINS 1KG          25.90  2
ABRICOTS ANDROS KG          10.70  2
ABRICOTS ANDROS KG          10.70  2
MOUTARDE T.V. AMORA          4.10  2
BOCAL 30 SPAGETI220         24.60  1
COTE DU RHONE AC             9.80  3
COTES RHONE MEYNARD         16.05  3
COTE DU RHONE AC             9.80  3
CTE MARMANDAIS PROD         13.55  3
V.D.Q.S. A.O.C.             10.95  1
CTE MARMANDAIS PROD         13.55  3
VENTOUX                      7.95  3
VENTOUX                      7.95  3
BEAUJOLAIS                  16.80  3
                 S/TOT     225.11

            ESPECE          300.00

            RENDU            74.89

31320       MERCI            13.33
```

```
HYPERMARCHE MAMMOUTH
    RTE DE BOULOGNE 62100 CALAIS
    VOUS REMERCIE DE VOTRE VISITE
TEL: 21.34.04.44              20/02/87
                             1.90  2
                            27.50  3
                            27.50 *1
                            19.00 *1
BAGUETTE 250 G
24X25 CL BIERE AMOS
24X25 CL BIERE AMOS          6.30  3
MI-BAS 40 ACR/40 PD         45.00  1
REM25%
SUCETTES BOULES ACR         19.00  1
61-6000 ECHARPE ACR
REM20%                       5.90  2
MI-BAS 60 ACR/40 PD          3.20  1
REM25%                       3.20  2
CONFISERIE VRAC PLA        *11.50
3 POTS DE CREME 12         170.00
LEGUMES DIVERS
12 ANS MAN RETR   S/TOT

                 CR   18.50-
REMISE               151.50
NET                  151.50

EEPECE                  .00

RENDU                 15.38

MERCI
0125 203 7
```

```
HYPERMARCHE MAMMOUTH
    RTE DE BOULOGNE 62100 CALAIS
    VOUS REMERCIE DE VOTRE VISITE
TEL: 21.34.04.44              20/02/87

KG GRAIN TRADITION          39.80  2
CAFE C.NOIRE                16.20  2
NAPOLITAIN KNORR             3.70  2
SOUPE CHIN.POUL.KNO          5.10  2
BLEU D AUVERGNE             10.27  2
CAMEMBERT PRESIDENT          8.95  2
ABRICOT MATZERN.450          5.40  2
TOMATE VERMICEL.KN           7.30  2
FLAN VANILLE ALSA            6.10  2
FLAN VANILLE ALSA            6.10  2
FLAN VANILLE ALSA            6.10  2
TOMATE VERMICEL.KN           7.30  2
POT NI4 SAVORA385G           9.50  2
ABRICOT MAMM.KG              9.25  2
BOCAL FACET. PM 223         14.40  1
CTE MARMANDAIS PROD         13.55  3
ROSE ANJOU VERON ER          9.05  3
CTE MARMANDAIS PROD         13.55  3
VENTOUX                      7.95  3
VENTOUX                      7.95  3
COTE DU RHONE AC             9.80  3
VENTOUX                      7.95  3
MINERV CH DONJON AC          7.90  3
MUSCADET SEVRE MAIN         10.95  3
COTE DU RHONE AC             9.80  3
CTE MARMANDAIS PROD         13.55 √3
CTE MARMANDAIS PROD         13.55 √3
ROSE ANJOU VERON ER          9.05 √3
V.D.Q.S. A.O.C.             10.95  1
                 S/TOT     301.02



            ESPECE          302.00

            RENDU             .98

0133 31320  MERCI            13.32
```

They also bought some little souvenirs and presents. Work out what they bought and how much they paid for something for:
1. Your neighbours' little girl (who is four years old).
2. Your twin sisters (who must be treated equally).
3. Your grandmother.

Musique Magique

Whilst in France, your parents are interested in buying the Texas instrument *Musique Magique*. Read this description and tell them what you can about it – what its selling points are and what functions it performs.

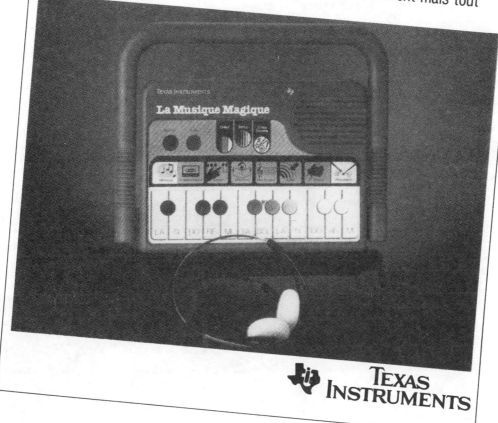

Musique Magique
Pour jouer à apprendre

Les apprentis musiciens la réclamaient depuis longtemps. Tous ceux qui ont joué des heures et des heures avec la Dictée Magique vont se précipiter. La Musique Magique est une étonnante machine pour apprendre la musique... en musique.

Il y a deux claviers sur le dessus : un pour les notes, avec 20 touches, c'est-à-dire à peu près autant qu'un enfant peut en chanter. Et puis un pour les 11 fonctions : enregistrer ta propre musique, l'écouter, écouter des chansons déjà en mémoire dans la Musique Magique, reconnaître un air, un rythme, un timbre et même jouer un air, tout simplement... Mais attention : la Musique Magique n'est pas un instrument de musique, c'est un instrument à apprendre la musique. Différent mais tout aussi passionnant.

TEXAS INSTRUMENTS

Peux-tu m'expliquer quelque chose?

You have brought back two presents from France especially for your grandparents. Unfortunately, they have one or two problems in understanding the French. Your grandfather sends you a note asking for help. Luckily, you have still got the page from the catalogue in which you first saw one of these presents.

Thanks for your presents, but you're going to have to explain one or two things. First this Pichet Pak – can you tell us what it does and how we use it? We tried it on the tea-bags but it didn't work!!

Now, those seeds you got me. They look nice and I don't want to ruin them so can you tell me when I've got to plant them? Do I have to bring them on in the greenhouse? Hope you can work out the instructions! Cheerio,
Grampa.

Plante annuelle d'une hauteur de 30 à 35 cm. Coloris : rose, rouge, violet, blanc et panaché. Les fleurs se ferment la nuit.

 Semis Avril-Mai en place, par poquet de 3 à 4 graines à 30 cm de distance. Les belles de jour supportent mal la transplantation, si les plants nécessitent un repiquage, il est nécessaire de le faire lorsqu'ils sont très jeunes.

 Floraison de Juin à Septembre.

 Les conseils du jardinier : plante rustique, elle réussit en tous terrains d'exposition suffisamment éclairée. Elle convient pour la formation de corbeilles et de parterres. C'est une plante très élégante.

LE SACHET ALUMINIUM
ETANCHE
CONSERVE LES GRAINES
TOUJOURS FRAICHES

La germination de ces semences est contrôlée périodiquement en laboratoire, sur échantillons de références, jusqu'à la date limite de vente indiquée. Le revendeur reste responsable de la bonne conservation des semences.

 Graines de Semences Sélectionnées produites et contrôlées par S.P.G. AVIGNON

32⁵⁰

Il coupe, il verse, il ferme !

Le Pichet Pak : l'essayer, c'est l'adopter ! Ce support en plastique s'adapte instantanément à toute boîte en carton de jus de fruits, lait... Il coupe le bec verseur grâce à une lame incorporée, maintient bien droite la boîte lorsque vous vous servez, et la garde fermée après usage.
Réf. 493.3796   Le support **32.50**

**les 2
32ᶠ**

Vite dépliées.

Ces cloches en fin voilage polyamide protègent des insectes vos fruits, gâteaux, fromages, etc... Sur armature souple, elles se replient après usage. Dim. ouvertes 34 x 34 cm. haut 22 cm. Vendues par 2.
Réf. 493.4989   Le lot **32.00**

29⁹⁰

Il fallait l'inventer!

...ourrez votre génoise sans l'abimer. Grâce ...u fil trancheur réglable, vous ouvrez votre ...noise sans la casser même en plusieurs ...veaux. Largeur 30 cm. Support métal.
...f. 600.1815   Prix **29.90**

PARTAGE gâteau

89ᶠ

Des parts égales !

Fini le gâteau mal coupé qui fait des jaloux ! Posez le gâteau sur ce plateau (en mélamine) partez de zéro et coupez à chaque fois que vous voyez le chiffre correspondant au nombre de parts désirées. Maximum 12 parts. Ø 37 cm.
Réf. 493.6035   Prix **89.00**

Accommodation

Un hôtel à Montmartre

You and your parents are intending to stay in Paris in an hotel around Montmartre. Some friends have sent you a list of hotels in this area. Decide where you would like to stay, bearing in mind the following points:
– you can afford a reasonable hotel
– your parents cannot speak French
– you want a telephone in your room
– you would quite like breakfast in your room but it is not essential.
How do you think *Hôtel Cirta* and *Hôtel Myrha* compare? Draw up a list in English of their facilities.

XVIIIᵉ ARRONDISSEMENT

Le **GAI MONTMARTRE**, dont la réputation est universelle, centre des boîtes de nuit et des restaurants, où la vie nocturne est plus intense encore que celle du jour. Place Clichy, Place Pigalle, Place Blanche, la pittoresque place du Tertre, où règnent les artistes et les peintres. Monument : Sacré-Cœur de Montmartre, qui domine Paris, sur la Butte.

Hôtels recommandés

**NN HOTEL ANDRE GILL. 4, rue André-Gill. Angle rue des Martyrs. Tél. 606.42.90. Calme. Tout confort. Ascenseur. Petits déjeuners. Ouvert toute l'année. English spoken. Enfants admis. Chiens autorisés.

**NN HOTEL DE FLORE. 108, rue Lamarck. Tél. 606.31.15. Au cœur de Montmartre. Métro Lamarck. Ascenseur. Téléphone direct dans toutes les chambres. 36 Bains et douches avec w.-c. privés. 6 Dches. English spoken. Ouvert toute l'année.

**NN THE MODERN HOTEL. 3, rue Forest. Tél. 522.48.77 et 387.47.61. Hôtel familial entièrement rénové. Bon accueil. Situé à Montmartre près des spectacles. Réservations sur demande à l'Hôtel. 35 Ch. tout confort avec S. de B. ou D. Petits déjeuners. Ouvert toute l'année. Métro : Place Clichy.

**NN HOTEL PRIMA LEPIC. 29, rue Lepic. Tél. 606.44.64. En plein cœur de Montmartre, à 5 mn du Sacré Cœur et du Moulin Rouge, dans un décor de jardin, un accueil à la « Française » vous est réservé. 38 Ch. tout confort avec téléphone. S. de B. ou D. Ouvert toute l'année. English spoken Chiens acceptés.

**NN HOTEL REGYN'S MONTMARTRE. 18, place des Abbesses. Tél. 254.45.21. Hôtel situé au cœur de la Butte Montmartre, avec vue sur tout Paris. Ouverture 1ᵉʳ janvier 1984. 22 Ch. tout confort avec S. de B. Téléphone. Radio TV. Petit déjeuner. Ouvert toute l'année. Chiens acceptés.

*NN HOTEL CIRTA. 122, boulevard de la Chapelle. Tél. 258.90.59. Une équation qualité prix des plus équilibrée. Tous nos clients reviennent et nous recommandent. 24 Chambres tout confort avec téléphone. Ch. avec D. Petits déjeuners. Ouvert toute l'année. Se habla Espanol. Man spricht Deutsch.

*NN HOTEL DE LA GRAPPE D'OR. 1, boulevard d'Ornano. Tél. 264.51.39. Vous offre ses chambres tout confort. Ouvert toute l'année.

*NN NEUF HOTEL MYRHA. 87, rue Myrha. Tél. 606.07.71 Artère calme, au pied de la Butte Montmartre. Etablissement modernisé de très bonne tenue. Chambres avec cabinet de toilette. Salle de bains, douches. Salon. Cabine téléphonique. Métro : Château-Rouge, Barbès, Anvers. English spoken.

*NN HOTEL DE ROHAN. 90, rue Myrha. Tél. 252.32.57. Au pied de la Butte-Montmartre et du Sacré-Cœur, proche de Pigalle. Hôtel tout confort. Chambres avec douches. Tél. dans toutes les chambres. Métro : Château-Rouge, Barbès, Anvers. Ouvert toute l'année.

La Place du Tertre

Hébergement familial

You and your family want to spend your holidays in the south of France. You don't want to stay in an hotel. You find camping too uncomfortable.
1. Reading the information below, can you decide what other possibilities there are?
2. You have decided to stay at Pezenas in a *Campotel*. What sort of activities are offered to you there?

HEBERGEMENT FAMILIAL

Diverses formules :

Les villages de vacances en pension complète offrent des logements constitués par des petits appartements familiaux et des services collectifs (restaurant, crêche, installations sportives...).

Les villages de gîtes forment comme les villages de vacances des ensembles de logements pavillonnaires mais ceux-ci sont dotés de cuisines individuelles.

Certains gîtes sont regroupés en formule mixte avec un village de vacances.

Le classement fournit une indication sur les caractéristiques d'équipement et de confort du village.

Les maisons familiales de vacances sont des établissements aménagés le plus souvent dans d'anciens hôtels ou demeures offrant des séjours en pension complète. Elles n'ont pas de classement.

Les Campotels, formule originale spécifique à l'Hérault, sont répartis pour une grande majorité dans l'arrière pays héraultais. Ils peuvent être loués pour le week-end, la semaine ou le mois et permettent d'allier la détente à un maximum d'activités sportives, récréatives, culturelles et gastronomiques.

La présente liste n'est toutefois pas exhaustive. Toute modification ou information sera prise en compte pour la prochaine édition de ce guide.

ABREVIATIONS EMPLOYEES

VV - Village de Vacances (pension complète)
VG - Village de Gîtes
CC - Camping Caravaning
MF - Maison Familiale

Le département de l'Hérault a développé une formule originale : **les CAMPOTELS**. Ils se présentent comme des mini-villages situés dans le cadre ou à proximité des villages de l'arrière-pays languedocien.
Chacun comprend une douzaine de logements et une salle de détente et de réunion.
Vous pouvez ainsi découvrir les richesses de ce pays : paysages, histoire, culture, pêche, baignade, escalade, randonnées.

34600 BEDARIEUX CAMPOTEL DES TROIS VALLEES Tél. 67.95.00.16 - 67.95.18.22	Au bord de l'Orb, au pied du Mont Caroux, près des Gorges d'Héric à proximité du Salagou et de Mourèze, Casino de Lamalou-les-Bains, piscine, randonnées pédestres, pêche à la truite, centre mycologique, stages : séminaires, réunion.
34800 CLERMONT-L'HERAULT CAMPOTEL DU SALAGOU Tél. 67.96.28.00 - 67.96.13.13	Au bord du lac, baignade, pêche, voile, canotage, randonnées pédestres et équestres.
34300 FRAISSE-SUR-AGOÛT CAMPOTEL DE L'AGOUT Tél. 67.97.61.14 - 67.97.64.29	Sur les bords de l'Agoût dans les monts de l'Espinousse. Pêche à la truite, randonnées pédestres et cyclotourisme, cueillettes forestières, stages, séminaires, réunions...
34230 LE POUGET CAMPOTEL L'AFFENAGE Tél. 67.96.71.09 - 67.96.76.14	Ouverture le 1er juillet 1987. Equipements loisirs, baignade, pêche dans l'Hérault, Lac du Salagou à 9 km, tennis au village, excursions.
34390 OLARGUES CENTRE D'ACCUEIL OLARGUES Tél. 67.97.77.25	Très pittoresque village bâti sur une butte rocheuse qu'entoure une boucle du Jaur. Randonnées pédestres, équestres et cyclotourisme, escalade, canoë-kayak, baignade, planche à voile.
34120 PEZENAS CAMPOTEL DE CASTELSEC Tél. 67.98.04.02 - 67.98.14.15	Au cœur du département entre les plages et les montagnes de l'arrière-pays, Pézenas, ville de Molière, est un haut-lieu architectural et culturel. Sites d'excursions, parc de Bessille, piscines, tennis, parcours sportifs.
34810 POMEROLS CAMPOTEL L'OSTAL DES COTES DE THAU Tél. 67.77.03.32 - 67.77.90.44	Au cœur du village de Pomerols, dans un ancien bâtiment restauré. Animation locale. Proche de la mer.
34460 ROQUEBRUN CAMPOTEL DE L'ORB Tél. 67.89.64.54	Canoë-kayak, proximité du Caroux, baignade, circuit de tir à l'arc. Très belle vue sur l'Orb et sur le village de Roquebrun.
34190 ST-BAUZILLE-DE-PUTOIS CAMPOTEL DES GORGES DE L'HERAULT Tél. 67.73.70.12 (mairie) - 67.73.74.28	A l'entrée des Gorges de l'Hérault, au pied des Grottes des Demoiselles et à proximité des excursions. Spéléologie, escalade, canoë-kayak, pêche, randonnées pédestres, stages photos, séminaires, réunions...
34270 ST-MATHIEU-DE-TREVIERS CAMPOTEL DE LA FONTAINE ROMAINE Tél. 67.55.24.66 - 67.55.20.28 (mairie)	Escalade, vol à voile, randonnée, tennis, piscine à proximité. Stages, séminaires, accueil classes ou groupes, spéléologie, réunions. Initiation à la dégustation et découverte des vins du pays. Stages photos. Possibilités restauration pour groupes.
34220 SAINT-PONS-DE-THOMIERES CAMPOTEL DU JAUR Tél. 67.97.02.34 - 67.97.14.76	Vallée du Jaur, au pied des Monts de l'Espinouse et du Somail. Randonnées, piscine, tennis, stages, séminaires réunions.
34290 SERVIAN CAMPOTEL DES COTEAUX DE LA THONGUE Tél. 67.39.12.07	Au cœur du pays viticole bitterrois. Promenades, mer à proximité, animation locale, randonnées.

Rendez-vous de l'immobilier

Examine these advertisements for accommodation in French skiing resorts. Each organisation hopes to make its offer more appealing than those of its competitors.

Take each advertisement in turn and explain what you feel to be its greatest appeal. What special language do the advertisers use to attract potential customers? Do they succeed in making their product attractive? Say why you feel this is, or is not so.

A.

B.

C.

D.

Au secours

TGV (train à grande vitesse) – high-speed train

On cherche un camping

Your parents are planning to camp at Annecy by the lake. This lake is very popular and there are a lot of camp sites all around it. Your pen friend has sent you a lot of information, but unfortunately everything is in French and your parents cannot understand it. Read the explanatory notes and abbreviations carefully.

1. Can you explain to your parents what each camp site has to offer?
2. Which one would you omit to mention bearing in mind that your French pen friend might come to visit you with a dog?
3. Which one would you stress the qualities of, considering the fact that your Dad loves tennis?
4. What do you think would be your parents final decision knowing that they might have some friends visiting them who hate camping?

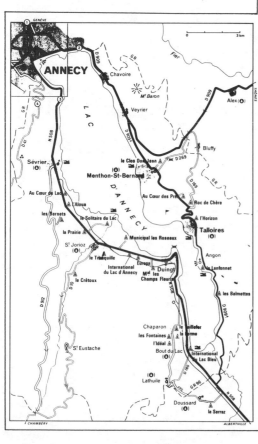

ANNECY (Lac d') 74 H.-Savoie 16 – 74 ⑧⑯ G. Alpes.
🛈 Office de Tourisme, Clos Bonlieu, 1 r. Jean-Jaurès ℰ 50.45.00.33.

Bout-du-Lac – ✉ 74210 Faverges.
🏕 **International du Lac Bleu** ≤, ℰ 50.44.30.18, rte d'Albertville, bord du lac (plage) – ✿ juil.-août
2,8 ha (650 c) ⚡ (saison) plat, herbeux, pierreux ♉ – 🚿 ⌂ 🔂 ⊕ ⚍ – ▭ ⛱ – Location : 🚐, studios et appartements
avril-15 oct. – ℞ – Tarif 86 : 🔲 eau chaude comprise 3 pers. 46 🔲 7,50 (3A)

Doussard – 1 725 h. – ✉ 74210 Faverges.
🏕 **La Serraz** ≤ « Cadre agréable », ℰ 50.44.30.68, au bourg, sortie E, près de la poste
1,5 ha (135 empl.) ⚡ plat, herbeux ♉ – 🚿 ⌂ 🔂 ⊕ ⚍ – 🛒 ▭ ⛱
15 mai-sept. – ℞ conseillée juil.-août – 🍴 13 eau chaude comprise 🔲 26 🔲 9 (3A)

Duingt – 446 h. – ✉ 74410 St-Jorioz.
🏕 **Municipal les Champs Fleuris** ≤, ℰ 50.68.57.31, O : 1 km
1,3 ha (100 empl.) ⚡ plat et peu incliné, herbeux – 🚿 ⛱ 🔂 🔂 ⊕
15 juin-15 sept. – ℞ – 🔲 eau chaude comprise 3 pers. 50, pers. suppl. 10 🔲 8 (6A)

Lathuile – 495 h. – ✉ 74210 Faverges.
🏕 **L'Idéal** ⚓ ≤, ℰ 50.44.32.97, N : 1,5 km
3 ha (300 empl.) ⚡ plat et peu incliné, herbeux – 🚿 ⌂ ⊕ ⚍ 🍴 ✕ ⚊ – ▭ 🚤 ⛱
juin-15 sept. – ℞ sauf 5 juil.-9 août – 🔲 eau chaude et piscine comprises 2 pers. 36,80, pers. suppl. 9,85 🔲 7,35

🏕 **La Ferme** ≤, ℰ 50.44.33.10, N : 2 km, à Chaparon
2,5 ha (200 empl.) ⚡ plat, incliné et en terrasses, herbeux ♉ – 🚿 ⌂ ⊕ ⚌ ⚉ ⚍ – ▭
15 mai-15 sept. – Tarif 86 : 🍴 6 eau chaude comprise 🔲 11 🔲 6 (3A)

🏕 **Les Fontaines** ≤, ℰ 50.44.31.22, N : 2 km, à Chaparon
1,5 ha (100 empl.) ⚡ plat, herbeux ♉ – 🚿 🔂 ⊕ ⚍
15 juin-15 sept. – ℞ conseillée juil.-août – Tarif 86 : 🍴 7,30 eau chaude comprise 🔲 11,50

🏕 **Le Taillefer** ≤, ℰ 50.44.30.34 ✉ Doussard 74210 Faverges, N : 2 km, à Chaparon
1 ha (32 empl.) ⚡ peu incliné, en terrasses, herbeux – 🚿 ⊕ – 🚤
juin-15 sept. – ℞ juin-5 juil. – 🔲 2 pers. 30, pers. suppl. 10 🔲 12 (4A)

Menthon-St-Bernard – 1 178 h. – ✉ 74290 Veyrier-du-Lac.
🛈 Syndicat d'Initiative ℰ 50.60.14.30.

🏕 **Le Clos Don Jean** ⚓ ≤, ℰ 50.60.18.66, sortie par rte de Veyrier-du-Lac et chemin à droite, au sud des Moulins
0,7 ha (72 empl.) ⚡ peu incliné, herbeux ♉ – 🚿 ⌂ 🔂 ⊕ ⚍
juin-15 sept. – ℞ juil.-août – 🔲 3 pers. 30 🔲 6,40 (2A)

St-Jorioz – 3 348 h. – ✉ 74410 St-Jorioz.
🛈 Syndicat d'Initiative (saison) ℰ 50.68.61.82.

🏕 **Europa** ≤, ℰ 50.68.51.01, SE : 1,4 km
3 ha (150 empl.) ⚡ plat, herbeux, pierreux – 🚿 ⌂ 🔂 ⊕ ⚍ 🍴 snack – ▭ ⛱
juin-10 sept. – ℞

🏕 **International du Lac d'Annecy** ≤, ℰ 50.68.67.93, SE : 1 km
2,5 ha (400 c) ⚡ plat, herbeux, pierreux – 🚿 ⌂ 🔂 ⊕ ⚍ – ▭ ⛱
10 juin-10 sept. – ℞ eau chaude et piscine comprises 3 pers. 46 🔲 7,80 (3A)

🏕 **Le Tranquille** ≤, ℰ 50.68.63.50, sortie SE
1 ha (80 empl.) ⚡ plat, herbeux ♉ – 🚿 🔂 ⊕ ⚍ 🍴 – ▭ ✕ – Location : 🏠
15 mars-sept. – ℞ – Tarif 86 : 🔲 1 à 3 pers. 24,80, pers. suppl. 6,20 🔲 5,60 à 15,40 (2 à 6A)

🏕 **L'Aloua** ≤, ℰ 50.46.50.06 (hors saison 50.46.54.54) ✉ 74320 Sévrier, NO : 1,5 km, à 300 m du lac – ✿
1,5 ha (100 empl.) ⚡ plat, herbeux – 🚿 🔂 🔂 ⊕ – A proximité : ⚍ ⛱
20 mai-5 sept. – ℞ – 🔲 eau chaude comprise 3 pers. 40

🏕 **La Prairie** ≤, ℰ 50.68.63.51, sortie NO rte d'Annecy
2 ha (150 empl.) ⚡ plat, herbeux ♉ – 🚿 🔂 🔂 ⊕ – A proximité : 🍴
15 mai-15 sept. – ℞ – Tarif 86 : 🍴 5,55 douches chaudes comprises 🔲 6 🔲 5,25 (2 ou 3A)

🏕 **Le Solitaire du Lac** ⚓ ≤, ℰ 50.68.59.30, N : 1 km, accès direct au lac
1,5 ha (150 empl.) ⚡ plat, herbeux ♉ – 🚿 🔂 ⊕ – ⛱
mai-sept. – ℞ – Tarif 86 : 🔲 2 pers. 23,45 🔲 8,40 (5A)

🏕 **Municipal les Roseaux** ⚓, ℰ 50.68.66.59, NE : 1,5 km, à 150 m du lac
0,6 ha (200 c) ⚡ plat, herbeux, pierreux ♉ – 🚿 🔂 ⊕ – ⛱
juil.-août – ℞ – Tarif 86 : 🍴 6,70 eau chaude comprise 🔲 8,50

🏕 **Le Crétoux** ⚓ ≤, ℰ 50.68.61.94, SO : 2,5 km
6 ha (40 empl.) ⚡ incliné, en terrasses, herbeux – 🚿 ⌂ ⊕ – ▭
15 juin-15 sept. – ℞ – 🔲 eau chaude comprise 2 pers. 35 🔲 10 (3A)

Sévrier – 2 465 h. – ✉ 74320 Sévrier.
🛈 Office de Tourisme ℰ 50.52.40.56.

🏕 **Les Bernets** ≤, ℰ 50.46.52.40, S : 2,5 km
1,25 ha (90 empl.) ⚡ peu incliné et plat, herbeux – 🚿 ⛱ ⌂ 🔂 ⊕ – ▭ 🚤
15 mai-25 sept. – ℞ – 🔲 eau chaude comprise 3 pers. 50 🔲 6 (3A)

🏕 **Au Coeur du Lac** ≤, ℰ 50.52.46.45, S : 1 km, accès direct au lac
1,7 ha (100 empl.) ⚡ en terrasses et peu incliné, herbeux ♉ – 🚿 ⌂ ⛱ 🔂 ⊕ ⚍ – ▭
Pâques-sept. – ℞ – 🔲 eau chaude comprise 2 ou 3 pers. 45, pers. suppl. 9 🔲 7,80 (3A) et 1 par ampère suppl.

Talloires – 931 h. – ✉ 74290 Veyrier-du-Lac.
🛈 Office de Tourisme ℰ 50.60.70.64.

🏕 **Le Lanfonnet** ≤, ℰ 50.60.72.12, SE : 1,5 km, à 200 m du lac (accès direct)
1,9 ha (500 c) ⚡ plat, peu incliné, herbeux ♉ (0,5 ha) – 🚿 ⌂ 🔂 ⊕ ⚍ 🍴 ✕ 🚉 – A proximité : ⛱
Pâques-sept. – ℞ – Tarif 86 : 🔲 eau chaude comprise 3 pers. 52,50 🔲 7,10 (3A)

🏕 **Au Coeur des Prés** ≤, N : 2 km
1 ha (90 empl.) ⚡ peu incliné, herbeux ♉♉ – 🚿 🔂 🔂 ⊕
juin-sept. – ℞ conseillée – Tarif 86 : 🔲 1 à 3 pers. 28,05, pers. suppl. 5,15 🔲 6,45 (3A)

LOCALITÉS

P ⬡	Préfecture — Sous-Préfecture
23700	Numéro de code postal
12 73 ②	Numéro de page d'atlas (p. 46 à 67) — N° de la carte Michelin et du pli
G. Normandie	Localité décrite dans le guide vert Michelin Normandie
1 050 h.	Population
alt. 675	Altitude (donnée à partir de 600 m)
⚓ 🛷	Nature de la station : thermale — de sports d'hiver
✉ 05000 Gap	Bureau de poste desservant la localité
✆	Indicatif téléphonique de zone
⚓	Transports maritimes
🛈	Information touristique

TERRAINS

CLASSE

⋀⋀⋀⋀	Terrain très confortable, parfaitement aménagé
⋀⋀⋀	Terrain confortable, très bien aménagé
⋀⋀	Terrain bien aménagé, de bon confort
⋀⋀	Terrain assez bien aménagé
⋀	Terrain simple mais convenable

Sélections particulières

M	Terrain d'équipement moderne
❄ ◇	Caravaneige sélectionné — Parc résidentiel sélectionné

AGRÉMENT

⋀⋀⋀⋀ … ⋀	Terrains agréables dans leur ensemble
🐌 🐌	Terrain très tranquille, isolé — Tranquille surtout la nuit
⩻ ⩻	Vue exceptionnelle — Vue intéressante ou étendue
« »	Elément particulièrement agréable

SITUATION ET ACCÈS

✆ ✉	Téléphone — Adresse postale du camp (si différente de la localité)
N - S - E - O	Direction : Nord — Sud — Est — Ouest (indiquée par rapport au centre de la localité)
Ⓟ	Parking obligatoire pour les voitures en dehors des emplacements
🚫	Accès interdit aux chiens

CARACTÉRISTIQUES GÉNÉRALES

3 ha	Superficie (en hectares) du camping
60 ha/3 campables	Superficie totale (d'un domaine) et superficie du camp proprement dit
(90 empl.) (300 c)	Capacité d'accueil : en nombre d'emplacements ou de campeurs
⚷ ⚷	Camp gardé : en permanence — le jour seulement
⊡	Emplacements nettement délimités
ᵠ ᵠᵠ ᵚᵚ	Ombrage léger — Ombrage moyen — Ombrage fort (sous-bois)

ÉQUIPEMENT

Sanitaire — emplacements

📏 ⚕	Installations avec eau chaude : Douches — Lavabos
🗂 ⚒	Eviers ou lavoirs — Postes distributeurs
🚻	Cabinets de toilette ou lavabos en cabines (avec ou sans eau chaude)
♿	Installations sanitaires spéciales pour handicapés physiques
♨	Installations chauffées
⊕ ⚒ ⚐	Branchements individuels pour caravanes : Electricité — Eau — Evacuation

Ravitaillement — restauration — services divers

🛒 🏬	Super-marché, centre commercial — Magasin d'alimentation
🍷 ✕	Bar ou buvette — Restauration (restaurant, snack-bar)
🍲 🏧	Plats cuisinés à emporter — Machines à laver, laverie

Loisirs — distractions

🏛	Salle de réunion, de séjour, de jeux…
✂ 🏌	Tennis — Golf miniature
🛝	Jeux pour enfants
🏊 ⚓	Piscine : couverte — de plein air
🌊	Bains autorisés ou baignade surveillée
⚓ 🐎	Voile (école ou centre nautique) — Promenades à cheval ou équitation

LOCATIONS

⛺	Location de tentes
🚐 🚐	Location de caravanes — de résidences mobiles
🛏 🏠	Location de chambres — de bungalows aménagés

RÉSERVATIONS — PRIX

R ℝ	Réservations acceptées — Pas de réservation
✶ 8 - 🚗 5	Redevances journalières : par personne, pour le véhicule
🔲 10/12	pour l'emplacement (tente/caravane)
⚡ 7 (4A)	pour l'électricité (nombre d'ampères)

Douleurs soulagées

1. What can *Artralgon* offer, according to the manufacturers?
2. Which particular group of people are mentioned in the advert? How is it claimed that the product can help these people?
3. What especially recommends this product, according to the manufacturers?
4. When might problems arise?
5. What other information are we given in the advert?

Problèmes de santé: la constipation

Your French pen friend's mother who is a nurse, keeps a file of cards which give advice on very common complaints. You are staying with the family and you are rather constipated. You feel too shy to speak about it so you have decided to consult the file.

1. What type of diet should you have?
2. What advice are you given, other than that concerning your diet?
3. Do you have to buy any medicine?

FICHE SANTÉ: LA CONSTIPATION

Ce qu'il faut faire

★ Bien manger. Consommer des fibres, des légumes verts, de la salade, des fruits et du pain complet.

★ Boire 1,5 à 2 litres d'eau par jour.

★ Moins de surmenage. Repas dans le calme. Alimentation régulière.

★ Essayer d'aller aux toilettes chaque jour.

★ Quelques petits trucs: un grand verre d'eau froide tous les matins!

★ Une activité régulière (marche, jogging).

Ce qu'il ne faut pas faire

★ Prendre des laxatifs trop forts.

28. la constipation

Laboratoire Conseil Oberlin

La pharmacie de vos vacances

You are going camping for a few days with your French friend. She is very busy sorting out the camping equipment so has asked you to prepare the first-aid kit. To help you, she has given you a leaflet that she obtained from the chemist. Read the leaflet carefully.

1. Can you work out a list of the basic medicine you need?
2. What advice are you given?
3. You are also given a list of various practical items you might need. What are they?

Health and welfare

FICHE CONSEIL

LA PHARMACIE DE VOS VACANCES

CALMER LA DOULEUR

Pour calmer la douleur, il est indispensable d'avoir dans sa pharmacie de voyage de l'**aspirine** et du **paracétamol**.

SOLEIL, CHALEUR ET ALTITUDE

Soyez prudent. Ne programmez pas, le lendemain de votre arrivée, une longue randonnée ou une journée de pêche en bateau. Exposez-vous progressivement au soleil. Utilisez une **pommade anti-inflammatoire** et des **crèmes solaires** efficaces.

BLESSURES

Pour les écorchures et blessures superficielles prévoyez un **antiseptique local**. Pour les bleus, **une crème calmante**.

POUR LES INSECTES

Pour calmer la douleur des piqûres d'insectes, un petit truc: l'**eau vinaigrée**. Munissez-vous aussi d'une **crème anti-inflammatoire et antiseptique**.

QUE METTRE DANS VOTRE PHARMACIE DE VOYAGE

- *pansements adhésifs hypoallergiques,*
- *compresses stériles,*
- *bande,*
- *antiseptique local,*
- *ciseaux à bouts ronds,*
- *thermomètre,*
- *pince à épiler,*
- *rouleau de sparadrap,*
- *pommade antalgique, anti-inflammatoire,*
- *collyre antiseptique,*
- *crème antimoustique,*
- *bombe insecticide,*
- *crème protectrice solaire,*

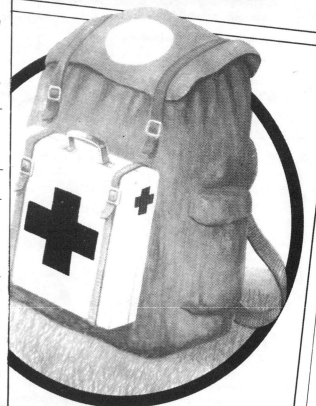

22. la pharmacie des vacances

Laboratoire Conseil Oberlin

Comment mangez-vous?

These cuttings are taken from a French magazine and contain details about three young people's eating habits.

1. Read the following diets and make a comment on each one. Are they well balanced? Justify your opinion.
2. What do you learn about French people's eating habits?
3. Write to your French pen friend explaining what you have learned about French eating habits, and describe a typical weekly and weekend menu. Ask him if they are correct.

1987 : comment mangez-vous ?

Célia,
6 ans, 1,10 m, 16 kg.

Célia est une petite fille très occupée : cours de danse et de piano, nombreuses copines. A l'école, elle vient juste d'apprendre à lire. Mais elle sait déjà ce qu'elle veut. Raffolant de Nutella, elle l'impose le matin et au goûter.

MENU EN SEMAINE

Petit déjeuner : deux tartines de Nutella, un verre d'eau. Matinée : deux bonbons.

Déjeuner : crudités, bifteck de 100 g, purée, un petit-suisse, deux verres d'eau. Goûter : une tartine de Nutella, un verre d'eau. Dîner : crudités, un œuf, des haricots verts, un yaourt sucré, deux verres d'eau, une tranche de pain.

DIMANCHE

Petit déjeuner : le même. Déjeuner : un bol de Müesli (lait demi-écrémé). Goûter : le même. Dîner : une part de pizza, une cuisse de poulet, petits pois, yaourt sucré, deux verres d'eau.

Jules,
12 ans, 1,44 m, 32 kg.

Jules habite à la campagne. Son école est à 2 kilomètres de chez lui. Tous les matins, il fait le trajet à pied, et en courant, à titre d'entraînement pour le rugby. Les menus de la cantine ne sont pas toujours à son goût. Mais il se rattrape sur le goûter, sa grande spécialité.

MENU EN SEMAINE

Petit déjeuner : un bol de céréales (lait demi-écrémé), un jus d'orange, deux tartines de confiture. Déjeuner : une salade de tomates, un bifteck, des pâtes, un yaourt sucré, une orange, trois verres d'eau, deux tranches de pain. Goûter : un sandwich au saucisson sec, une banane, une tartine de confiture, un verre d'eau. Dîner : laitue, pot-au-feu, un yaourt sucré, trois verres d'eau, deux tranches de pain.

DIMANCHE

Petit déjeuner : fromage, un bol de céréales, une banane, un jus d'orange. Déjeuner : gigot d'agneau, haricots verts, yaourt sucré, une pomme, deux verres d'eau. Goûter : un grand sandwich au pâté de foie, une part de gâteau au chocolat, un grand verre de lait. Dîner : une assiette de ravioli, un œuf, du fromage, une banane, une part de gâteau au chocolat, deux tranches de pain, trois verres d'eau.

Valentine,
16 ans, 1,64 m, 54 kg.

En semaine, Valentine se lève à 7 heures pour aller au lycée, déjeune à la cantine et dîne chez elle. Le week-end, c'est la conquête de l'autonomie. Debout à 11 heures, elle s'alimente à sa façon. Mal, sans doute. Mais « le fast food avec les copains, c'est quand même beaucoup plus drôle que le gigot flageolets de papa-maman ».

MENU EN SEMAINE

Petit déjeuner : un bol de chocolat (lait entier), deux tartines avec du beurre et de la confiture. Déjeuner : crudités, escalope de veau, pâtes, un café avec un sucre, trois verres d'eau. Goûter : une pomme, un croissant. Dîner : bifteck, pommes de terre sautées, un yaourt au chocolat, un yaourt naturel sucré, deux tranches de pain, trois verres d'eau.

DIMANCHE

11 heures : un bol de chocolat avec un croissant. 15 heures : un sandwich au fromage, un verre d'eau. 17 heures : une pomme, une tarte aux fruits, un café avec un sucre, un verre d'eau. 21 heures (dans un fast food) : un hamburger, une **portion de frites.**

Malade en France

A French doctor has prescribed you with some medicine for food poisoning which you are suffering from while in France. Unfortunately, his writing is appalling. The chemist has not explained the prescription either. Reading the instructions given with the medicine, can you work out the dose you need to take and how frequently you have to take it?

Can you work out some of the other uses of *Doliprane*? Make a list in English.

In the case of *Formocarbine*, how do you take the medicine?

DOCTEUR ANDRÉ GARNIER

ASSISTANTE A LA FACULTÉ DE MÉDECINE

MÉDECINE GÉNÉRALE

—

22 RUE DU PUITS DES ESQUILLES

—

CONSULTATIONS TOUS LES JOURS
DE 13 H A 19 H
SAUF LE SAMEDI

34 1 02945 2

Mlle Clark

le 10-7-87

Formocarbine
1 cuillerée 3 f par jour

Doliprane
2 comprimes par 3 f par
j

DOLIPRANE
(paracétamol)

COMPRIMÉS à 0,50 g
ADULTES
(à partir de 15 ans)

PRÉSENTATION

Boîte de **16 comprimés**
dosés à **0,50 g** de paracétamol.

Remboursé par la Sécurité Sociale à 70 % et agréé aux Collectivités.

INDICATIONS

Traitement symptomatique d'affections douloureuses,
par exemple :
– céphalées, migraines,
– névralgies dentaires, intercostales, faciales,
– règles douloureuses,
– douleurs rhumatismales,
– torticolis, lumbagos, sciatiques,
– douleurs musculaires et tendineuses,
– fractures, entorses,
– douleurs au cours des interventions O.R.L.,
– douleurs en stomatologie (douleurs postopératoires, douleurs après traitement orthopédique de fractures, douleurs après électro-coagulations).

Traitement symptomatique d'affections fébriles,
par exemple :
– état grippal, maladies infectieuses.

PRÉCAUTIONS D'EMPLOI

– Ne pas dépasser les posologies indiquées et consulter rapidement le médecin en cas de surdosage accidentel.
– Ne pas utiliser de façon prolongée sans avis médical.
– En raison du dosage des comprimés de Doliprane en principe actif, cette présentation est destinée aux adultes.

NE PAS LAISSER A LA PORTÉE DES ENFANTS

POSOLOGIE ET MODE D'EMPLOI

ADULTES (à partir de 15 ans) :
1 à 2 comprimés par prise, **1 à 3 fois** par 24 heures, à 4 heures d'intervalle au minimum.

Avaler les comprimés avec une gorgée de liquide.

AUTRE FORME POUR ADULTES

Sachets de **poudre orale**.

FORMOCARBINE SK&F
Charbon-méthénamine
SIMPLE

Composition :
Charbon activé . . . . .15,00 g
Méthénamine. . . . . .2,00 g
Sucre aromatisé q.s.. . . . . 100 g de granulés

Indications :
Traitement symptomatique des dyspepsies et des diar-rhées (en particulier par intoxication alimentaire).

Précaution d'emploi :
En cas de diabète, tenir compte d'un apport en sucre de 4,15 g par cuillerée à café.
Du fait des propriétés adsorbantes du charbon, il est recommandé, en cas de traitement conjoint, d'adminis-trer tout autre médicament à distance de la prise de Formocarbine simple.

Posologie et mode d'emploi :
La posologie habituelle est : 1 à 3 cuillerées à café après les repas ou au moment des crises. Chez l'enfant et le nourrisson, la dose sera utilisée par 1/4 ou 1/2 cuillerée à café selon l'âge, délayée dans un peu d'eau ou de lait.

Forme et présentation :
Granulés : Boîte de 100 g.
Non remboursé par la Sécurité Sociale.
AMM 304-109-2.

LABORATOIRES SMITH KLINE &FRENCH
12, Place de la Défense CEDEX 26 92090 PARIS LA DÉFENSE

4187 B – 07 85

Les otages de Somalie

1. Who are the people who are being held?
2. What appears to be the situation on 5 February 1987?
3. And on 6 February?
4. How would you assess the moods of the journalists as they wrote their articles? (Give reasons for your assessments.)

Espoir pour les dix otages français de Somalie

Regain d'espoir pour les dix Français membres de « Médecins sans frontière » retenus en otages depuis le 24 janvier par des rebelles somaliens hostiles au gouvernement de Mogadiscio : les responsables du Mouvement national somalien se disent prêts à les libérer soit aujourd'hui, soit demain. Les dix otages se trouvent dans la ville éthiopienne de Jijiga. Hier, le ministre des Affaires étrangères, Jean-Bernard Raimond, se montrait optimiste quant à l'issue de cette affaire.

France—Soir
6 février 1987

Somalie : libération des otages demain ?

Fernand Wibaux, le conseiller diplomatique du gouvernement, a quitté hier Addis-Abeba pour Dirédaoua en compagnie de fonctionnaires éthiopiens. On s'attend que s'engagent des négociations avec les dirigeants du Mouvement national somalien pour la libération des dix otages français qu'il détient. Les rumeurs selon lesquelles un avion aurait quitté Paris pour l'Ethiopie ne sont pas confirmées par les autorités françaises. La libération des prisonniers pourrait avoir lieu aujourd'hui.

Avec l'aimable autorisation du journal Le Figaro. Copyright Le Figaro 1987.

CHRONIQUE

Le « pouvoir médical »

PAR JEAN-PAUL BINET

LE corps des Médecins sans frontières constitue l'une des noblesses du corps médical actuel. Ce sont les messagers de la médecine dans les pays les plus démunis, apportant avec eux, souvent dans les pires et les plus dangereuses conditions, leur talent et le strict minimum de ce qu'il faut pour tenter de sauver. Tous volontaires, presque missionnaires, le plus souvent anonymes, ils sont les plus généreux et les plus efficaces ambassadeurs qui soient, de notre art et de notre pays, dans la plus grande pauvreté de moyens.

Avec l'aimable autorisation du journal Le Figaro. Copyright Le Figaro 1987.

Au secours

dans le plus grande pauvreté de moyens – working with the absolute minimum of resources

Pot-pourri

Poésie

Read the following poems and decide what they are about. Which ones do you like the most, and why?

Qu'est-ce qui fait le·tour de la terre ?

C'est le rire de la mer
C'est l'oiseau qui se libère
C'est un nuage à l'envers
C'est le chant de l'arbre vert
C'est le vent c'est la lumière
C'est la foudre c'est l'éclair
C'est le printemps qui prend l'air
C'est l'été qui sonne clair
C'est l'automne c'est l'hiver
C'est aujourd'hui c'est hier
C'est demain que j'entrespère
C'est le soleil qui se perd
Et qui revient par derrière
C'est mon cœur et son mystère.

Jacques Charpentreau

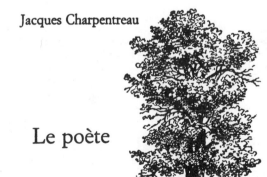

Le poète

— Qu'est-ce qu'un poète ?
— C'est quelqu'un qui ne passe jamais à la
                                        [Télé
  parce qu'il n'est pas connu.
— Et pourquoi n'est-il pas connu ?
— Parce qu'il ne passe jamais à la Télé.

Jean l'Anselme

L'oiseau du Colorado

L'oiseau du Colorado
Mange du miel et des gâteaux
Du chocolat des mandarines
Des dragées des nougatines
Des framboises des roudoudous
De la glace et du caramel mou.

L'oiseau du Colorado
Boit du champagne et du sirop
Suc de fraise et lait d'autruche
Jus d'ananas glacé en cruche
Sang de pêche et navet
Whisky menthe et café.

L'oiseau du Colorado
Dans un grand lit fait un petit dodo
Puis il s'envole dans les nuages
Pour regarder les images
Et jouer un bon moment
Avec la pluie et le beau temps.

Robert Desnos

L'hippopotame

Tandis qu'au loin vibre un tam-tam
de son bain sort l'hippopotame
il bâille avec la fraîcheur d'âme
et la grâce des grosses dames.

Daniel Lander